연필 집 ▮▮▮▮▮▮ 초 영문법이 끝난다

바쁜 친구들이 즐거워지는
빠른 학습법

바빠

5·6
학년용

초등 영문법 1

이지스에듀

지은이 | E&E 영어 연구소의 대표 저자 · 이정선

이정선 선생님은 YBM시사, EBS, 다락원, 교학미디어, 종로 엠스쿨 등에서 출간된 100여 종이 넘는 영어 교재 개발에 참여하였고, 초등, 중등, 고등학생을 대상으로 한 영어 학습 프로그램도 개발한 영어 학습 프로그램 개발 전문가이다. EBS 고등학교 영어 교재 개발에도 참여하여, 최근의 입시 영어 경향도 잘 이해하고 있다. 집필 도서 중 대표적인 참고서로는 《알찬 문제집》 중학 1, 2, 3학년용이 있으며, 단행본으로는 《영어일기 e-메일이 술술 써지는 영작기술 79가지》 등이 있다.

전국 규모의 영어 학력평가인 'Yoon's BEFL Contest'와 '해법영어 경시대회(HEAT) 올림피아드' 등 초등학생과 중학생을 위한 다수의 영어능력 평가 문제를 출제했다. 그동안의 영어 교재 및 학습 프로그램 개발과 강의 경험을 집대성해 《바쁜 5·6학년을 위한 빠른 영문법》, 《바쁜 3·4학년을 위한 빠른 영문법》 시리즈, 《바쁜 5·6학년을 위한 빠른 영작문》을 집필하였다.

E&E 영어 연구소는 쉽고 효과적인(easy & effective) 영어 학습 방법을 개발하는 연구소이다.

바빠 초등 영문법 5·6학년용 ▶1

(이 책은 2014년 12월에 출간된 '바쁜 5·6학년을 위한 빠른 영문법'을 보완해 개정 증보한 판입니다.)

초판 4쇄 발행 2024년 6월 28일
지은이 E&E 영어 연구소 이정선
발행인 이지연
펴낸곳 이지스퍼블리싱(주)
출판사 등록번호 제313-2010-123호
주소 서울시 마포구 잔다리로 109 이지스 빌딩 5층(우편번호 04003)
대표전화 02-325-1722   팩스 02-326-1723
이지스퍼블리싱 홈페이지 www.easyspub.com   이지스에듀 카페 www.easysedu.co.kr
바빠 아지트 블로그 blog.naver.com/easyspub   인스타그램 @easys_edu
페이스북 www.facebook.com/easyspub2014   이메일 service@easyspub.co.kr

본부장 조은미   기획 및 책임 편집 정지연 | 이지혜, 박지연, 김현주   교정 교열 손정은   문제 풀이 조유미
표지 및 내지 디자인 손한나, 정우영   조판 책돼지   일러스트 김학수   인쇄 보광문화사
영업 및 문의 이주동, 김요한(support@easyspub.co.kr)   마케팅 박정현, 한송이, 이나리

ISBN 979-11-6303-437-7
ISBN 979-11-6303-436-0(세트)
가격 13,000원

• **이지스에듀**는 이지스퍼블리싱(주)의 교육 브랜드입니다.
(이지스에듀는 학생들을 탈락시키지 않고 모두 목적지까지 데려가는 책을 만듭니다!)

**"엄마, 전 바빠 영어가 아니었으면,
아직도 영문법을 몰랐을 거예요."**

- 세상을 빛내라 님 -

lawlee2000 님

'바빠 영문법'은 초등 영문법의 핵심을 배울 수 있는 유익한 교재예요. 특히 영문법 실수를 어떤 부분에서 하는지 파악할 수 있어 좋았어요.

애플그린 K 님

아이가 영문법 공부를 늦게 시작해서 걱정이었는데, 이 책 덕분에 어렵게만 느끼던 영문법에 눈을 뜬 것 같아요. 영어 문장이 술술 써진다면서 본인도 놀라고 있어요!

f******2 님

5학년 아들 녀석이 스스로 하고 싶은 문법 책을 찾았다며 문법 공부를 시작했습니다!

Loveis8199 님

'바빠 영문법'에서 가장 마음에 드는 부분이 '**복습 설계**'예요. 앞서 배운 문법이 티나지 않게 오늘의 공부에 반영되어 있어요. 똑같은 걸 반복한다는 느낌없이 자연스럽게 복습이 돼요.

ybsy0506 님

날마다 튼튼하게 영어 근육을 키운다~! 영어 사교육 없이 혼자서 공부하는 우리 아이에게 잘 맞는 초등 기초 영문법 교재예요.

애국미녀맘 님

중1 학생 부모입니다. 학교에서 to 부정사를 배우는데 '바빠 영문법'에서 공부했던 거라 훨씬 쉽게 느껴졌다고 하더라고요. '바빠'하길 잘했다고 느낀 순간이었어요.

Grace 님

문법 정리가 깔끔하게 되어 있고, 무엇보다 손으로 쓰면서 공부할 수 있는 책이라 마음에 들어요!

프로사냥꾼 님

초등 어휘 수준에 맞게 잘 짜여진 기초 영문법 책이에요. 아이 수준에 맞는 교재를 못 찾아서 내가 직접 만들어야 하나 했는데 바로 이 책이네요!

빈칸을 채우다 보니
전체 문장이 써져서 놀라는 문법 책

눈으로 보고 아는 것만으로 부족해요. 이제 영문법을 정확히 익혀야 할 때!

중학교에 들어가면 영어 학습이 문법 중심으로 바뀝니다. 게다가 시험에는 문장을 써내야 하는 서술형 문제까지 나오죠. 문법 개념을 눈으로만 이해하고 감으로 문제를 맞히는 방식은 이제 통하지 않을 거예요. 그렇다면 초등 단계에서 중등 영어를 준비하는 효율적인 방법은 무엇일까요?

초등 영어 교과에서 다루는 모든 문법을 쓸 수 있게 된다!

먼저 초등 영문법부터 총정리해야 합니다. 〈바빠 초등 영문법〉에는 초등 영어 교과서 문장을 분석한 기초 문법 규칙들을 모두 다루고 있습니다. 또 문법 규칙들이 잘게 나누어져 있어 누구나 소화할 수 있습니다. 이 책으로 문장의 빈칸을 채우면서 문법이 정확히 익혀질 때까지 학습합니다.
게다가 중학교 입학 후에 본격적으로 배우게 될 수여 동사와 같은 내용도 일부 포함해 중학 영문법의 기초를 쌓을 수 있습니다.

핵심 비법은 비교 문장이다!

'무엇'을 공부하느냐 만큼 '어떻게' 공부하느냐도 굉장히 중요합니다. 처음부터 단순히 문제를 많이 푸는 방식으로 공부하면 정답을 맞히는 데만 집중하게 됩니다.
우리가 영문법을 공부하는 이유는 영어 문장을 좀 더 잘 이해하고, 익숙해져서 영어를 자유롭게 구사하는데 있습니다. 〈바빠 초등 영문법〉의 문장을 비교하는 방식으로 공부하면 왜 이 단어를 써야 하는지 이해하면서 영어 문장을 정확하게 쓸 수 있습니다.

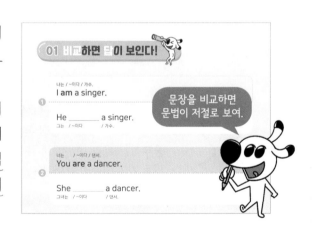

직접 써 보며 '내 문법'으로 만든다!

공부 전문가들은 '영문법을 이해하는 것(學)과 훈련하는 것(習)은 다르다'고 말합니다. 문법 설명이 잘 되어 있는 교재라도 직접 써 보며 자기의 것으로 만들지 않는다면 영문법이 머릿속에 남지 않습니다.
〈바빠 초등 영문법〉의 학습 시스템은 읽고 이해하는 input(문법 및 단어

4

의 두뇌 입력) 뿐 아니라 쓰는 과정인 output(머리에 입력된 문법을 출력해 보는 문장 훈련) 활동이 모두 설계되어 있습니다. 그래서 배운 문법을 확실하게 기억할 수 있습니다. 이 책의 output(아웃풋) 과정에서 풀게 되는 훈련 문제들은 아주 특별합니다.

과학적 훈련 문장으로 자연스럽게 깨닫고, 나도 모르게 복습이 된다!

〈바빠 초등 영문법〉의 훈련 문제들은 기계적인 빈칸 문제가 아닙니다. 테스트용 문제가 아니라 훈련용으로 최적화된 문장들입니다. 그래서 약간 어려운 문제가 나오더라도 훈련 문장에서 힌트를 얻어 답을 쓸 수 있습니다. 그래서 몰입하게 되고, 스스로 깨닫는 학습의 즐거움을 맛보게 됩니다.

또한, 각 훈련 문장들은 나선형 사다리 모형으로 설계되어 있습니다. 나선형 사다리를 한 칸씩 차근차근 따라가다 보면 새로운 단어와 문법을 익히는 동시에, 이미 학습한 단어 및 문법 사항이 다음 단계와 그 다음 단계에도 계속 누적되어 반복되는 나선형식 학습 흐름입니다.

따라서, 각 단계의 뒷부분에 주로 나오는 '도전! 문장 쓰기' 문제는 앞의 훈련 문장을 다 썼다면 누구나 쓸 수 있게 됩니다. 또한, 전 단계의 문법 사항을 다음 단계의 훈련 문장 속에도 녹여 놓아, 나도 모르게 복습이 이루어지는 과학적인 훈련 문제들입니다. 두뇌의 망각 곡선을 고려하여 배치된 훈련 문장들을 만나 보세요!

폼 잡지 않는 건강한 영문법 책

이 책은 문법을 정복하는 데에만 집중할 수 있도록 쉬운 단어와 단순한 문장으로 문제를 구성했습니다. 폼 잡지 않고 기초 영문법의 전체 뼈대를 잡는 데 초점을 모았기 때문입니다. 기초 영문법의 뼈대가 잡히면 나머지 영문법은 이 책에서 배운 영문법을 확장해서 익히는 것에 불과합니다.

여러분도 이 책으로 영문법의 튼튼한 뼈대를 만들어 보세요!

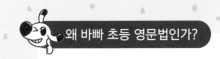

학원 선생님과 독자들의 의견
덕분에 더 좋아졌어요!

2014년 12월 '바쁜 5·6학년을 위한 영문법'(이하 바빠 영문법)이 출간된 이후, 시중의 많은 초등 영문법은 '문법 쓰기' 콘셉트로 바뀌었습니다. 영어 문법책의 판을 바꾼 쓰기형 영문법의 원조인 '바빠 영문법'이 출간 이후 9년 만에 새롭게 나왔습니다! 이번 판에서는 '바빠 영문법'을 이미 풀어 본 학생, 학부모, 선생님들의 생생한 의견을 반영해 '더 즐겁게 공부할 수 있는 방법', '더 효과적인 방법'을 적용했습니다.

하나, 시각적인 즐거움과 학습 효과를 더했어요!

색감이나 사진, 그림이 더 풍부했으면 좋겠다는 학생들의 의견을 반영해 문법 개념 이해를 도와주는 개념 삽화와 시각적인 효과를 더했습니다. 또한 기초 영단어를 사진과 결합해 영단어까지 공부할 수 있습니다.

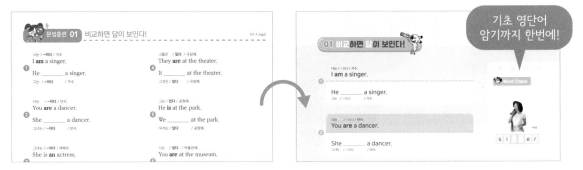

기존판: 《바쁜 5·6학년을 위한 빠른 영문법》   개정판: 《바빠 초등 영문법 - 5·6학년용》

둘, 글자 크기를 키우고 답을 쓰는 칸도 더 넓혔어요!

아이가 공부를 할 때 느끼는 '공부에 대한 긍정적인 감정'이 중요하다고 합니다. 이번 개정판에서는 아이들이 이 책을 처음 펼쳤을 때 자신감 있게 풀어 나가도록 글자 크기를 키우고, 답 쓰는 칸도 넓혔습니다. 이러한 장치는 '공부에 대한 긍정적인 감정'을 심어 줄 것입니다.

셋, 알아두면 좋은 꿀팁을 더했어요!

'바빠 초등 영문법'의 장점 중 하나는 어려운 문법 용어를 옆에서 말하듯이 풀어서 설명해 쉽게 이해할 수 있다는 점입니다. 개정판에서는 기존판의 장점은 그대로 살리고 알아두면 좋은 꿀팁들을 추가해 문법을 더욱 쉽게 이해할 수 있습니다.

바빠 초등 영문법의 과학적 학습 설계를 만나 보세요!

1단계 ★
개념 먼저
이해하기

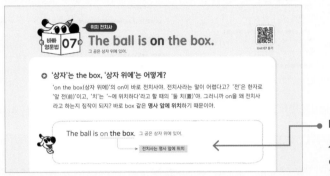

대표 문장을 통해 문법 핵심
사항을 확인하고 이해할 수
있어요.

2단계 ★
훈련 문장으로
문법 내 것
만들기

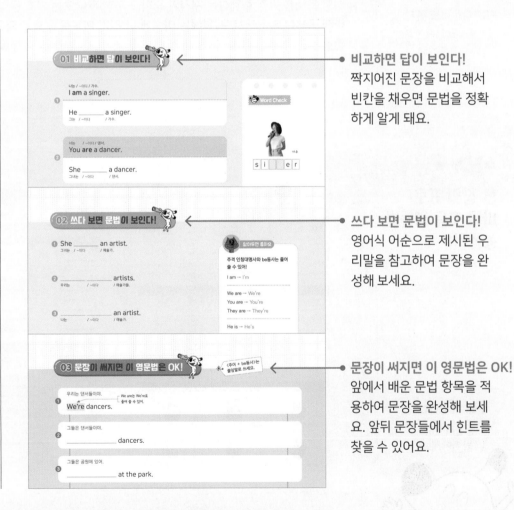

비교하면 답이 보인다!
짝지어진 문장을 비교해서
빈칸을 채우면 문법을 정확
하게 알게 돼요.

쓰다 보면 문법이 보인다!
영어식 어순으로 제시된 우
리말을 참고하여 문장을 완
성해 보세요.

문장이 써지면 이 영문법은 OK!
앞에서 배운 문법 항목을 적
용하여 문장을 완성해 보세
요. 앞뒤 문장들에서 힌트를
찾을 수 있어요.

Read aloud!

+ 훈련 문장 음원을 활용해 2단계를 효과적으로 공부하는 방법

방법 1 문장을 듣고 나서 큰 소리로 따라 읽어 보세요. 듣고, 소리 내어 읽는
활동을 통해 스피킹 및 리스닝 연습을 동시에 할 수 있어요.

방법 2 정답을 맞출 때 해답지 대신 음원 파일을 들으며 확인해 보세요.

🎧 훈련 문장 음원 MP3 다운로드

바빠 공부단 카페
www.easysedu.co.kr

바빠 공부단　　검색

3단계 ★

시험에는 이렇게 나온다로 시험 문제 유형 완벽 대비!

PDF 다운로드 ⬇

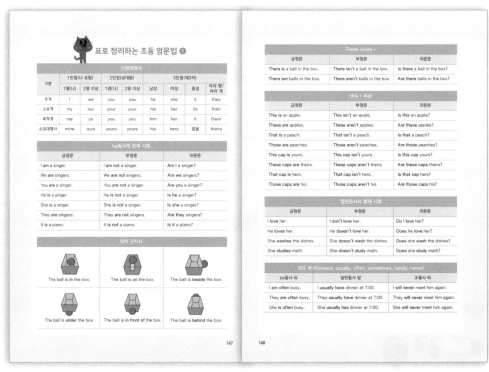

PDF 다운로드 위치
바빠 공부단 카페 자료실
www.easysedu.co.kr

▲ 시험 문제를 자주 출제하는 저자가 중학교 시험에 나오는 기초 문법 문제만 엄선했어요.
바빠 공부단 카페에서 '시험에는 이렇게 나온다' PDF를 무료로 다운로드 받아 시험 문제
유형에도 완벽하게 대비해 보세요. PDF는 문법 요소별로 총 27장이 준비되어 있어요.

4단계 ★

한 장의 표로 바빠 초등 영문법 총정리!

Perfect!
총정리까지
완벽하게!

▲ 이 책에서 공부한 영문법을 하나의 표로 정리했어요. 표를 지표로 삼아 헷갈리는 문법이나
기억이 나지 않는 문법 요소는 돌아가서 다시 한 번 점검해 보세요!

Contents

바빠 초등 영문법 5·6학년용 ▶1

🏁 나만의 공부 계획을 세워보자!

★	☐ 14일 완성	☐ 10일 완성
☑ **1일**	Unit 01~02	Unit 01~03
☐ **2일**	Unit 03~04	Unit 04~05
☐ **3일**	Unit 05~06	Unit 06~07
☐ **4일**	Unit 07~08	Unit 08~09
☐ **5일**	Unit 09~10	Unit 10~12
☐ **6일**	Unit 11~12	Unit 13~15
☐ **7일**	Unit 13~14	Unit 16~18
☐ **8일**	Unit 15~16	Unit 19~21
☐ **9일**	Unit 17~18	Unit 22~24
☐ **10일**	Unit 19~20	Unit 25~27 표로 정리하는 초등 영문법 ①
☐ **11일**	Unit 21~22	
☐ **12일**	Unit 23~24	
☐ **13일**	Unit 25~26	
☐ **14일**	Unit 27, 표로 정리하는 초등 영문법 ①	

가볍게 공부할 때는
하루에 1유닛씩
27일에 완성하세요!

연필 잡고 쓰다 보면 기초 영문법이 끝난다

바빠

바쁜 친구들이 즐거워지는
빠른 학습법

5·6
학년용

초등 영문법 1

01 I am a singer.
나는 가수야.

⭐ am, are, is(be동사)는 '~이다' 또는 '있다'라는 뜻

I am a singer. 나는 가수야.
　　　신분

　▸ 주어의 신분이나 상태를 알려 줄 때는 '~이다'라는 뜻

I am at the park. 나는 공원에 있어.
　　　장소

　▸ 장소를 나타내는 말이 뒤에 올 때는 '있다'라는 뜻

⭐ 주어에 따라 be동사 짝꿍이 다르다

주어	일반동사
I	am
We You They	are
She He It	is

I am an actor.

We are actors.
You are an actor.
They are actors.

He is an actor.
She is an actress.
It is a piano.

1

나는 / ~이다 / 가수.
I **am** a singer.

He _____ a singer.
그는 / ~이다 / 가수.

2

너는 / ~이다 / 댄서.
You **are** a dancer.

She _____ a dancer.
그녀는 / ~이다 / 댄서.

3

그녀는 / ~이다 / 여배우.
She **is** an actress.

They _____ actresses.
그들은 / ~이다 / 여배우들.

4

그들은 / 있다 / 극장에.
They **are** at the theater.

It _____ at the theater.
그것은 / 있다 / 극장에.

5

그는 / 있다 / 공원에.
He **is** at the park.

We _____ at the park.
우리는 / 있다 / 공원에.

6

너는 / 있다 / 박물관에.
You **are** at the museum.

I _____ at the museum.
나는 / 있다 / 박물관에.

Word Check

가수
s i __ __ e r

댄서
d __ n __ e r

극장
__ __ e a __ e r

박물관
m __ s e u __

13

02 쓰다 보면 문법이 보인다!

1 She _____ an artist.
그녀는 / ~이다 / 예술가.

2 _____ _____ artists.
우리는 / ~이다 / 예술가들.

3 _____ _____ an artist.
나는 / ~이다 / 예술가.

4 _____ _____ a musician.
나는 / ~이다 / 음악가.

┌ 1명일 때는 a musician,
└ 2명 이상일 때는 musicians

5 They _____ musicians.
그들은 / ~이다 / 음악가들.

6 They _____ at the hotel.
그들은 / 있다 / 호텔에.

7 It _____ at the _____.
그것은 / 있다 / 호텔에.

8 _____ _____ at the _____.
그것은 / 있다 / 레스토랑에.

9 You _____ at the restaurant.
너는 / 있다 / 레스토랑에.

10 _____ _____ at the restaurant.
그는 / 있다 / 레스토랑에.

알아두면 좋아요

주격 인칭대명사와 be동사는 줄여 쓸 수 있어!

I am → I'm

We are → We're

You are → You're

They are → They're

He is → He's

She is → She's

It is → It's

 문제로 문법 정리

괄호 안의 단어 중 알맞은 것을 고르세요.

1. You (am / are) a student.

2. He (is / are) at home.

3. We (is / are) students.

14

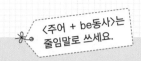

<주어 + be동사>는
줄임말로 쓰세요.

1 우리는 댄서들이야.

We are는 We're로
줄여 쓸 수 있어.

We're dancers.

2 그들은 댄서들이야.

_____ dancers.

3 그들은 공원에 있어.

_____ at the park.

4 그는 공원에 있어.

_____ at the park.

5 나는 공원에 있어.

도전! 문장 쓰기

_____

6 나는 여배우야.

_____ an actress.

7 그녀는 여배우야.

_____ an actress.

8 그녀는 극장에 있어.

_____ at the theater.

9 너는 극장에 있구나.

_____ at the theater.

10 너는 가수구나.

_____ a singer.

11 우리는 가수들이야.

_____

도전! 문장 쓰기

12 우리는 박물관에 있어.

_____ at the museum.

13 그들은 박물관에 있어.

_____ at the museum.

14 그들은 배우들이야.

_____ actors.

15 그는 배우야.

_____ an actor.

┌ 1명일 때는 an actor,
└ 2명 이상일 때는 actors

16 그는 레스토랑에 있어.

_____ at the restaurant.

17 그들은 레스토랑에 있어.

_____ at the restaurant.

18 그들은 예술가들이야.

_____ artists.

알아두면 좋아요

직업을 나타내는 단어 actor (남자) 배우 actress 여배우 dancer 댄서, 무용수 singer 가수 artist 예술가 musician 음악가

장소를 나타내는 단어 theater 극장 museum 박물관 restaurant 레스토랑, 식당 park 공원 hotel 호텔

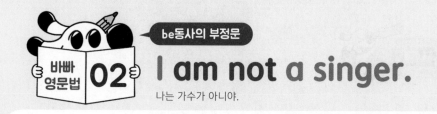

be동사의 부정문

I am not a singer.
나는 가수가 아니야.

⭐ am, are, is의 부정문은 바로 뒤에 not을 넣는다

'아니야~~!'라고 부정하고 싶다면, **부정어 not** 하나면 바로 해결! not이 들어갈 위치만 잘 알아 두면 be동사의 부정문은 어렵지 않아. **am, are, is 바로 뒤에 not**을 넣는 거야!

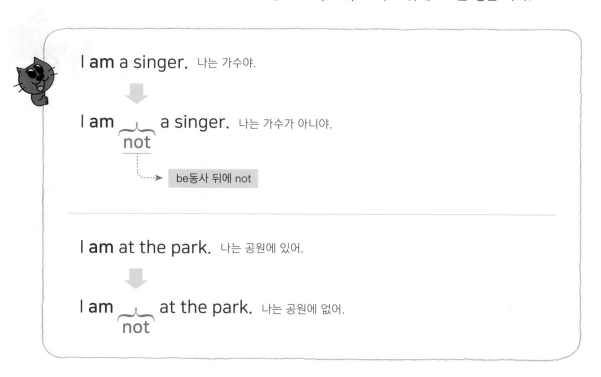

I am a singer. 나는 가수야.

⬇

I am not a singer. 나는 가수가 아니야.

⤷ be동사 뒤에 not

I am at the park. 나는 공원에 있어.

⬇

I am not at the park. 나는 공원에 없어.

⭐ <be동사 + not>은 줄여 쓸 수 있다

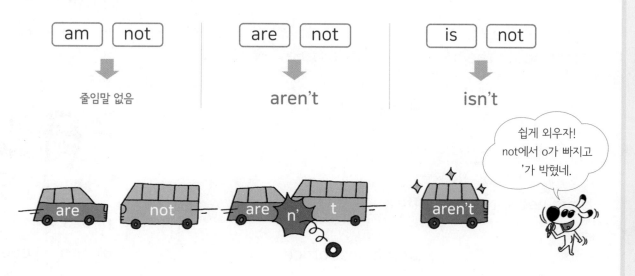

am	not	→	줄임말 없음
are	not	→	aren't
is	not	→	isn't

쉽게 외우자! not에서 o가 빠지고 '가 박혔네.

are not → are n' t → aren't

Word Check

1

우리는 / 아니다 / 피아니스트들이.
We are not pianists.

They _____ _____ pianists.
그들은 / 아니다 / 피아니스트들이.

피아니스트

| p | i | | n | i | | t |

2

너희들은 / 아니다 / 바이올리니스트들이.
You are not violinists.

you는 1명(너)일 때도,
2명 이상(너희들)일 때도 똑같이 you

He _____ _____ a violinist.
그는 / 아니다 / 바이올리니스트가.

3

그녀는 / 아니다 / 의사가.
She is not a doctor.

I _____ _____ a doctor.
나는 / 아니다 / 의사가.

의사

| d | | c | t | | r |

4

그들은 / 없다 / 병원에.
They are not at the hospital.

It _____ _____ at the hospital.
그것은 / 없다 / 병원에.

병원

| | o | s | p | | t | | l |

5

그는 / 없다 / 은행에.
He is not at the bank.

구체적인 장소 앞에는 at(~에)

We _____ _____ at the bank.
우리는 / 없다 / 은행에.

우체국

| p | o | s | | |

| o | | | i | c | e |

6

나는 / 없다 / 우체국에.
I am not at the post office.

She _____ _____ at the post office.
그녀는 / 없다 / 우체국에.

02 쓰다 보면 문법이 보인다!

1 He _____ _____ a firefighter.
그는 / 아니다 / 소방관이.

2 They _____ _____ firefighters.
그들은 / 아니다 / 소방관들이.

3 I _____ _____ a firefighter.
나는 / 아니다 / 소방관이.

4 I _____ _____ a police officer.
나는 / 아니다 / 경찰관이.

5 She _____ _____ a police officer.
그녀는 / 아니다 / 경찰관이.

6 You _____ _____ police officers.
너희들은 / 아니다 / 경찰관들이.

7 You _____ _____ at the police station.
너희들은 / 없다 / 경찰서에.

8 He _____ _____ at the police station.
그는 / 없다 / 경찰서에.

9 _____ _____ _____ at the fire station.
그는 / 없다 / 소방서에.

10 We _____ _____ at the fire station.
우리는 / 없다 / 소방서에.

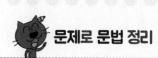 문제로 문법 정리

직업과 가장 알맞은 장소를 선으로 연결하세요.

doctor • • fire station

police officer • • police station

firefighter • • hospital

19

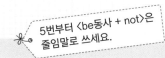

5번부터 〈be동사 + not〉은 줄임말로 쓰세요.

1 그들은 의사들이 아니야.

They are _____ doctors.

2 나는 의사가 아니야.

I am _____ a doctor.

am not은 줄여 쓸 수 없어.

3 나는 병원에 있지 않아.

_____ _____ _____ at the hospital.

4 그녀는 병원에 없어.

She is _____ at the _____.

5 그녀는 간호사가 아니야.

She _____ a nurse.

6 당신들은 간호사들이 아니로군요.

You _____ nurses.

도전! 문장 쓰기

7 그는 간호사가 아니야.

_____

8 그는 바이올리니스트가 아니야.

_____ _____ a violinist.

9 나는 바이올리니스트가 아니야.

_____ _____ _____ a violinist.

도전! 문장 쓰기

10 우리는 바이올리니스트들이 아니야.

_____

⑪ 우리는 피아니스트들이 아니야.

_____ _____ pianists.

⑫ 나는 피아니스트가 아니야.

_____ _____ _____ a pianist.

⑬ 그는 피아니스트가 아니야.

도전! 문장 쓰기

_____

⑭ 그는 은행에 없어.

_____ _____ at the bank.

⑮ 우리는 은행에 없어.

_____ _____ at the bank.

⑯ 그것은 은행에 없어.

It _____ at the _____.

⑰ 그것은 우체국에 없어.

_____ _____ at the post office.

⑱ 그들은 우체국에 없어.

_____ _____ at the post office.

 알아두면 좋아요

직업을 나타내는 단어 doctor 의사 nurse 간호사 violinist 바이올리니스트 pianist 피아니스트 firefighter 소방관
police officer 경찰관

장소를 나타내는 단어 hospital 병원 bank 은행 post office 우체국 police station 경찰서 fire station 소방서

바빠 영문법 03 be동사 활용 정리

Unit 03 듣기

⭐ **표로 정리하는 am, are, is의 긍정문과 부정문**

> 똑같은 1명인데 a singer와 an actor?
> a는 자음으로 시작하는 단어 앞!
> an은 모음(a, e, i, o, u)으로 시작하는 단어 앞!

주어 + be동사	긍정문	부정문
I am	I am a singer. = I'm a singer.	I am not a singer. = I'm not a singer.
We You They are	We are singers. = We're singers.	We are not singers. = We're not singers. = We aren't singers.
	You are an actor. = ¹_____ an actor.	You are not an actor. = You're not an actor. = You aren't an actor.
	They are actors. = They're actors.	They are not actors. = ²_____ =They aren't actors.
He She It is	He is an actor. = ³_____	He is not an actor. = He's not an actor. = He isn't an actor.
	She is a singer. = She's a singer.	She is not a singer. = She's ⁴_____ a singer. = She isn't a singer.
	It is a piano. = It's a piano.	It is not a piano. = ⁵_____ = It isn't a piano.

정답 1 You're 2 They're not actors. 3 He's an actor. 4 not 5 It's not a piano.

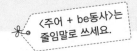

〈주어 + be동사〉는
줄임말로 쓰세요.

1

나는 / ~이다 / 선생님.
I'm a teacher.

_____ _____ a teacher.

나는 / 아니다 / 선생님이.

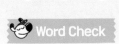
2

너는 / ~이다 / 경찰관.
_____ a police officer.

You're **not** a police officer.

너는 / 아니다 / 경찰관이.

t ☐ ☐ c h e r

3

그녀는 / ~이다 / 치과의사.
She's a dentist.

_____ _____ a dentist.

그녀는 / 아니다 / 치과의사가.

d e ☐ t ☐ s t

4

그는 / 있다 / 박물관에.
_____ at the museum.

He's **not** at the museum.

그는 / 없다 / 박물관에.

p o l i ☐ e

s t a t i ☐ ☐

5

우리는 / 있다 / 경찰서에.
We're at the police station.

_____ _____ at the police station.

우리는 / 없다 / 경찰서에.

6

그들은 / 있다 / 병원에.
They're at the hospital.

_____ _____ at the hospital.

그들은 / 없다 / 병원에.

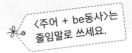

<주어 + be동사>는
줄임말로 쓰세요.

1 _____ a pilot.
　그는 / ~이다　　　/ 조종사.

2 He's _____ a pilot.
　그는 / 아니다　　　/ 조종사가.

3 _____ _____ pilots.
　그들은 / 아니다　　　　/ 조종사들이.

4 _____ _____ scientists.
　그들은 / 아니다　　　　/ 과학자들이.

5 _____ scientists.
　그들은 / ~이다　　　/ 과학자들.

6 _____ a scientist.
　그녀는 / ~이다　　　/ 과학자.

7 _____ at the store.
　그녀는 / 있다　　　/ 가게에.

8 _____ _____ at the store.
　그녀는 / 없다　　　　/ 가게에.

9 _____ _____ at the market.
　그녀는 / 없다　　　　/ 시장에.

10 I'm _____ at the market.
　나는 / 없다　　　/ 시장에.

🐱 문제로 문법 정리

밑줄 친 부분을 줄임말로 바꿔 쓰세요.

1. They <u>are not</u> at the store.

→ _____

2. He <u>is not</u> a teacher.

→ _____

〈주어 + be동사〉는
줄임말로 쓰세요.

1 그것은 슈퍼마켓에 있어요.

_____ at the supermarket.

2 그것은 슈퍼마켓에 없어요.

도전! 문장 쓰기

_____

3 나는 슈퍼마켓에 없어요.

I'm _____ at the _____.

4 나는 선생님이 아니에요.

_____ _____ a teacher.

5 그녀는 선생님이 아니에요.

She's _____ a _____.

6 그녀는 과학자가 아니에요.

She's _____ a scientist.

7 그들은 과학자들이 아니에요.

_____ _____ scientists.

8 그들은 과학자들이에요.

도전! 문장 쓰기

_____

9 그들은 치과의사들이에요.

_____ dentists.

10 당신들은 치과의사들이군요.

도전! 문장 쓰기

_____

11 당신들은 치과의사들이 아니에요.

You're _____ dentists.

도전! 문장 쓰기

12 그는 치과의사가 아니에요.

_____

13 그는 병원에 없어요.

_____ _____ at the hospital.

14 우리는 병원에 없어요.

_____

15 우리는 변호사들이 아니에요.

We're _____ lawyers.

16 우리는 변호사들이에요.

_____ lawyers.

도전! 문장 쓰기

17 그녀는 변호사예요.

_____

18 그녀는 변호사가 아니에요.

_____

알아두면 좋아요

직업을 나타내는 단어 teacher 교사, 선생 pilot 조종사 scientist 과학자 dentist 치과의사 lawyer 변호사

장소를 나타내는 단어 hospital 병원 store 가게, 상점 market 시장 supermarket 슈퍼마켓

바빠 영문법 04

형용사

The boy is happy.
그 소년은 행복하다.

☆ happy의 뜻은 '행복하다'일까? '행복한'일까?

happy는 '행복한'이라는 뜻이야. 그런데 be동사 뒤에 happy를 쓰면 '행복하다'가 돼. bad (나쁜)를 '나쁘다'라고 할 때도 역시 be동사 뒤에 bad를 쓰면 돼. 'He **is bad**.'처럼. 이렇게 bad, happy 같은 형용사는 **be동사 뒤**에 쓸 수 있어.

The boy **is** happy. 그 소년은 행복하다.

be동사 다음에 형용사!

헐! be만 붙이면 바뀌네.
행복한 **happy**
행복하다 be happy
나쁜 **bad**
나쁘다 be bad

✏ 쓰면서 확인해 봐요!

작은 little 작다 be little   큰 big 크다 _1_____

슬픈 sad 슬프다 _2_____   행복한 happy 행복하다 be happy

☆ '그 소년은 나쁘다'를 '그는 나쁜 소년이다'로 바꿀 수 있다

형용사는 be동사 뒤에만 쓰는 것은 아니야. '나쁜 소년'처럼 '나쁜'이라는 형용사가 '소년'이라는 명사 앞에 와서 꾸며 주는 역할을 하기도 해.

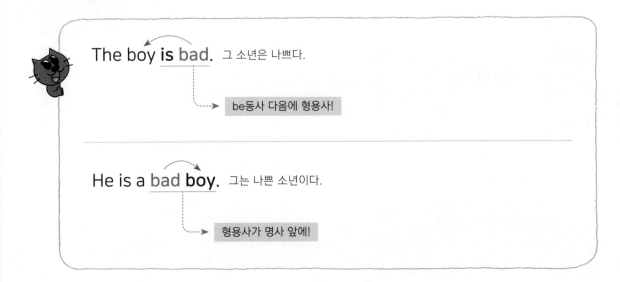

The boy **is** bad. 그 소년은 나쁘다.

be동사 다음에 형용사!

He is a bad **boy**. 그는 나쁜 소년이다.

형용사가 명사 앞에!

1

그 개는 / ~이다 / 못생긴.
The dog is **ugly**.

It is an _____ dog.
그것은 / ~이다 / 못생긴 개.

2

그 소녀는 / ~이다 / 빠른.
The girl is **fast**.

She is a _____ girl.
그녀는 / ~이다 / 빠른 소녀.

f ☐ s t

3

그 여자는 / ~이다 / 친절한.
The woman is **kind**.

She is a _____ woman.
그녀는 / ~이다 / 친절한 여자.

k ☐ n d

4

그 남자는 / ~이다 / 덩치가 큰.
The man is **big**.

He is a _____ man.
그는 / ~이다 / 덩치가 큰 남자.

s l o ☐

5

그 소년들은 / ~이다 / 느린.
The boys are **slow**.

They are _____ boys.
그들은 / ~이다 / 느린 소년들.

6

나는 / ~이다 / 행복한.
I am **happy**.

I am a _____ person.
나는 / ~이다 / 행복한 사람.

1 The man _____ _____.
그 남자는   / ~이다   / 빠른.

2 The _____ _____ short.
그 남자는   / ~이다   / 키가 작은.

3 They _____ _____.
그들은   / ~이다   / 키가 작은.

4 _____ _____ happy.
그들은   / ~이다   / 행복한.

5 She _____ _____.
그녀는   / ~이다   / 행복한.

6 She is a _____ _____.
그녀는   / ~이다 / 행복한 소녀.

7 _____ is a _____ girl.
그녀는   / ~이다 / 친절한 소녀.

8 She _____ a _____ person.
그녀는   / ~이다   / 친절한 사람.

9 He is a _____ _____.
그는   / ~이다 / 친절한 사람.

10 _____ is a _____ man.
그는   / ~이다 / 친절한 남자.

문제로 문법 정리

짝지어진 반대말의 우리말 뜻을 쓰세요.

1. fast (빠른) : slow (   )

2. short (짧은) : long (   )

3. thick (두꺼운) : thin (   )

① 얼굴이 커.

The face _____ big.

② 손들이 커.

The hands are _____.

③ 손들이 느려.

The hands _____ slow.

④ 다리들이 느려.

The legs _____ _____.

⑤ 다리들이 길어.

The _____ are long.

⑥ 목이 길어.

The neck _____ _____.

⑦ 목이 얇아.

The _____ is thin.

⑧ 팔들이 얇아.

The arms _____ _____.

⑨ 팔들이 짧아.

The _____ _____ short.

⑩ 허리가 짧아.

The waist _____ _____.

⑪ 허리가 두꺼워.

The _____ is thick.

⑫ 발들이 두툼해.

The feet _____ _____.

13 그것들은 두툼한 발들이야.

_____

14 그것들은 큰 발들이야.

They are _____ _____.

15 그것들은 큰 손들이야.

_____ are _____ hands.

16 그것들은 느린 손들이야.

They _____ _____ hands.

17 그것들은 느린 다리들이야.

They are _____ _____.

18 그것들은 긴 다리들이야.

They _____ long _____.

19 그것은 긴 목이야.

It is a _____ _____.

20 그것은 얇은 목이야.

_____

21 그것들은 얇은 팔들이야.

They are _____ arms.

22 그것들은 짧은 팔들이야.

They are short _____.

23 그것은 짧은 허리야.

_____

24 그것은 두꺼운 허리야.

It is a thick _____.

be동사의 의문문

바빠 영문법 05

Are you happy?

너는 행복하니?

☆ 물어볼 때는 am, are, is(be동사)를 주어 앞으로

'난 너에 대해 알고 싶은 게 많아.' 그럼 질문을 해야지. 아주 간단해!!
am, are, is를 주어 앞으로 보내는 거야!

You are happy. 너는 행복하다.

are를 you 앞으로!

Are you happy? 너는 행복하니?

She is a student. 그녀는 학생이다.

is를 she 앞으로!

Is she a student? 그녀는 학생이니?

I'm so curious.

☆ 대답은 Yes 또는 No로

'Am I pretty?'라고 물었을 때, 대답하는 것은 우리말과 비슷해. '그래, 너 예뻐.'라고 하고 싶다면 'Yes, you are.' 아니라고 대답하고 싶다면 'No, you aren't.'라고 하면 돼.

be동사의 의문문	긍정의 대답	부정의 대답
Am I pretty? 내가 예쁘니?	**Yes**, you are.	**No**, you aren't.
Are we lazy? 우리가 게으르니?	**Yes**, we are.	**No**, we aren't.
Are you busy? 너는 바쁘니?	**Yes**, I am.	**No**, I'm not.
Are they happy? 그들은 행복하니?	**Yes**, they are.	**No**, they aren't.
Is he handsome? 그는 잘생겼니?	**Yes**, he is.	**No**, he isn't.
Is she smart? 그녀는 똑똑하니?	**Yes**, she is.	**No**, she isn't.
Is it ugly? 그것은 못생겼니?	**Yes**, it is.	**No**, it isn't.

부정의 대답을 할 땐 주로 줄임말로 써.

1

그는 / 이다 / 바쁜.
He is busy.

_____ _____ busy? — Yes, he _____.
~이니   / 그는   / 바쁜?   응, 그래.

긍정의 대답을 할 땐
Yes, he's.처럼 줄임말로 쓰지 않아.

2

너는 / 이다 / 행복한.
You are happy.

_____ _____ happy? — No, _____ not.
~이니   / 너는   / 행복한?   아니, 안 그래.

3

나는 / 이다 / 게으른.
I am lazy.

_____ _____ lazy? — _____, you are.
~이니   / 내가   / 게으른?   응, 그래.

4

그녀는 / 이다 / 모델.
She is a model.

_____ _____ a model? — Yes, she _____.
~이니   / 그녀는   / 모델?   응, 그래.

5

그들은 / 이다 / 예술가들.
They are artists.

_____ _____ artists? — No, they _____.
~이니   / 그들은   / 예술가들?   아니, 안 그래.

6

그것은 / 이다 / 책.
It is a book.

_____ _____ a book? — _____, it isn't.
~이니   / 그것은   / 책?   아니, 안 그래.

33

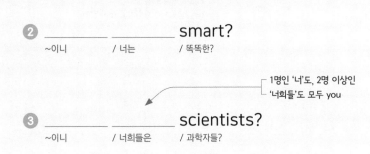

1 _____ _____ smart?
~이니 / 그들은 / 똑똑한?

2 _____ _____ smart?
~이니 / 너는 / 똑똑한?

┌ 1명인 '너'도, 2명 이상인
└ '너희들'도 모두 you

3 _____ _____ scientists?
~이니 / 너희들은 / 과학자들?

4 _____ _____ a scientist?
~이니 / 그녀는 / 과학자?

5 _____ _____ a dentist?
~이니 / 그녀는 / 치과의사?

6 _____ _____ at the hospital?
있니 / 그녀는 / 병원에?

7 _____ they at the _____?
있니 / 그들은 / 병원에?

8 _____ _____ nurses?
~이니 / 그들은 / 간호사들?

9 _____ he a nurse?
~이니 / 그는 / 간호사?

10 _____ _____ at the police station?
있니 / 그는 / 경찰서에?

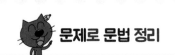 **문제로 문법 정리**

밑줄 친 부분을 줄임말로 바꿔 쓰세요.

1. A: Is she busy?
   B: No, she is not.

   → _____

2. A: Are we lazy?
   B: No, we are not.

   → _____

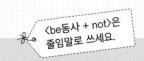

<be동사 + not>은
줄임말로 쓰세요.

1 그는 가수니?　　　　　　　　아니, 그는 아니야.

_____ he a singer? — No, he _____.

2 그들은 가수들이니?　　　　　　　응, 그래.

_____ they _____?　— Yes, they are.

3 그들은 여배우들이니?

_____ _____ actresses?

4 그녀는 배우니?　　　　　　　　응, 그래.

_____ she an _____? — Yes, _____ _____.

5 그녀는 댄서니?

_____ _____ a dancer?

6 너는 댄서니?　　　　　　　　　　응, 그래.

도전! 문장 쓰기

_____ — Yes, I am.

7 너희들은 댄서들이니?

_____ you _____?

'너' 1명일 때도 you,
'너희들' 여러 명일 때도 you

8 너희들은 배우들이니?　　　　　　아니, 우리는 아니야.

_____ you actors? — No, _____ aren't.

9 너희들은 바쁘니?

_____ you _____?

10 그녀는 바쁘니?　　　　　　　　아니, 그녀는 아니야.

_____ she busy? — No, _____ _____.

11 그녀는 예쁘니?

＿＿＿＿＿ ＿＿＿＿＿ pretty?

12 내가 예쁘니?　　　　　　　　응, 그래.

＿＿＿＿＿ I ＿＿＿＿＿? — Yes, you ＿＿＿＿＿.

13 내가 잘생겼니?

＿＿＿＿＿ ＿＿＿＿＿ handsome?

14 내가 게으르니?　　　　　　　　아니, 너는 안 그래.

＿＿＿＿＿ ＿＿＿＿＿ lazy? — No, ＿＿＿＿＿ aren't.

15 그들은 게으르니?

＿＿＿＿＿＿＿＿＿＿＿＿＿＿＿＿＿＿＿＿＿＿＿＿＿＿＿＿＿＿＿＿＿＿

도전! 문장 쓰기

16 그는 게으르니?　　　　　　　　응, 그래.

＿＿＿＿＿ ＿＿＿＿＿ lazy? — ＿＿＿＿＿, he is.

17 그는 공원에 있니?

＿＿＿＿＿ ＿＿＿＿＿ at the park?

18 그들은 공원에 있니?

＿＿＿＿＿ ＿＿＿＿＿ at the park?

 **알아두면 좋아요**

직업을 나타내는 단어 singer 가수　actress 여배우　dancer 댄서　actor (남자)배우　scientist 과학자　dentist 치과의사
nurse 간호사　model 모델

형용사 단어 busy 바쁜　pretty 예쁜　handsome 잘생긴　lazy 게으른　smart 똑똑한　happy 행복한

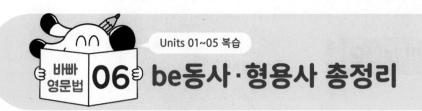

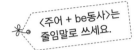 **01 비교하면 답이 보인다!**

〈주어 + be동사〉는
줄임말로 쓰세요.

1

그는 경찰관이다.
He's a police officer.

He's not a police officer.
그는 경찰관이 아니다.

2

우리는 버스 정류장에 있다.
We're at the bus stop.

_____ _____ at the bus stop.
우리는 버스 정류장에 없다.

3

나는 바쁘다.
I'm busy.

I'm _____ _____.
나는 바쁘지 않다.

4

그것은 똑똑한 개이다.
It is a smart dog.

_____ _____ a smart dog?
그것은 똑똑한 개니?

5

그들은 도서관에 있다.
They are at the library.

_____ _____ at the library?
그들은 도서관에 있니?

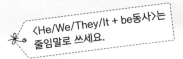
<He/We/They/It + be동사>는
줄임말로 쓰세요.

1 John _____ handsome.
존은 잘생겼다.

2 John is _____ handsome.
존은 잘생기지 않았다.

3 _____ _____ handsome.
그는 잘생기지 않았다.

4 _____ not _____.
우리는 잘생기지 않았다.

5 We're _____ fast.
우리는 빠르지 않다.

6 _____
우리는 빠르다.

7 We're _____ swimmers.
우리는 빨리 수영하는 사람들이다. [우리는 빠른 수영 선수들이다.]

8 _____ slow _____.
우리는 느리게 수영하는 사람들이다. [우리는 느린 수영 선수들이다.]

9 _____ — No, we _____.
너희들은 느리게 수영하는 사람들이니?   아니, 우리는 안 그래.
[너희들은 느린 수영 선수들이니?]

10 Is Jane _____ _____ swimmer? — Yes, she _____.
제인은 느리게 수영하는 사람이니?   응, 그래.
[제인은 느린 수영 선수이니?]

⑪ _____ Jane slow? — _____, _____ isn't.
제인은 느리니?   아니, 안 그래.

⑫ Is Jane _____? — No, she isn't.
제인은 예쁘니?   아니, 안 그래.

┌ Jane and Susie처럼 주어가 2명 이상일 때는
└ be동사 자리에 are를 써.

⑬ _____ Jane and Susie pretty? — Yes, _____ are.
제인과 수지는 예쁘니?   응, 그들은 그래.

⑭ _____
그들은 예쁘다.

⑮ _____ long and thin.
그것들은 길고 얇다.

⑯ It's _____ _____ _____.
그것은 길고 얇다.

⑰ _____ a long and thin _____.
그것은 길고 얇은 책이다.

⑱ _____
그것들은 길고 얇은 책들이다.

🐱 **알아두면 좋아요**

형용사 단어 busy 바쁜   handsome 잘생긴   fast 빠른   slow 느린   pretty 예쁜   long 긴   thin 얇은, 마른

명사 단어 swimmer 수영 선수, 수영하는 사람   book 책

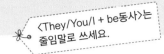

〈They/You/I + be동사〉는
줄임말로 쓰세요.

1 브라운 씨는 행복한 신사야.

Mr. Brown is a _____ gentleman.

2 브라운 씨는 도서관에 있어.

Mr. Brown is _____ _____ _____.

도전! 문장 쓰기

3 그들은 도서관에 있어.

_____

4 그들은 도서관에 없어.

_____

5 그들은 버스 정류장에 없어.

They're _____ at the bus stop.

6 너는 버스 정류장에 없구나.

_____ _____ at the bus stop.

도전! 문장 쓰기

7 너는 버스 정류장에 있구나.

_____

8 너는 버스 정류장에 있니?

_____

9 수지는 버스 정류장에 있니?

_____

10 수지는 키가 작니?

_____ Susie short?

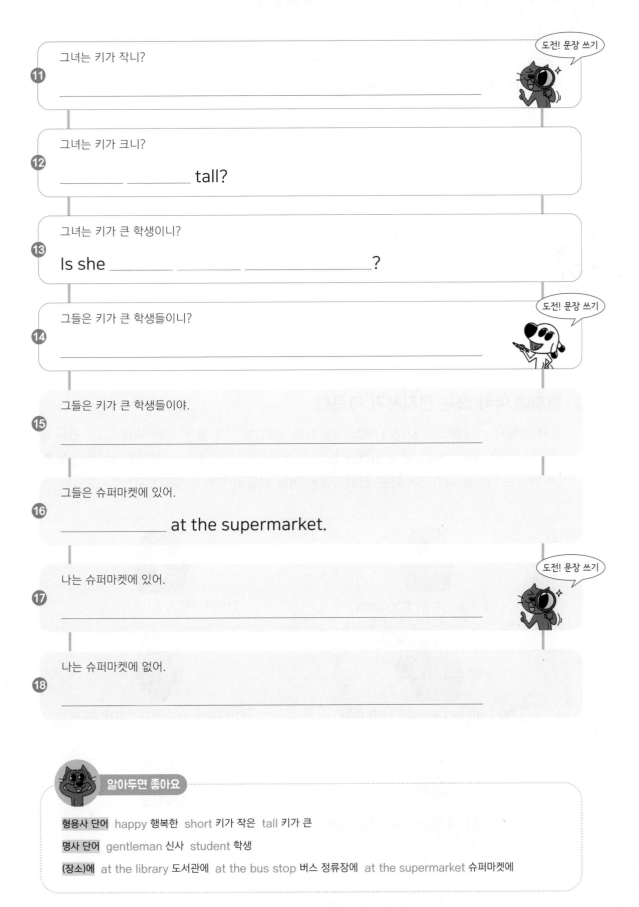

⑪ 그녀는 키가 작니?

도전! 문장 쓰기

_____

⑫ 그녀는 키가 크니?

_____ _____ tall?

⑬ 그녀는 키가 큰 학생이니?

Is she _____ _____ _____?

⑭ 그들은 키가 큰 학생들이니?

도전! 문장 쓰기

_____

⑮ 그들은 키가 큰 학생들이야.

_____

⑯ 그들은 슈퍼마켓에 있어.

_____ at the supermarket.

⑰ 나는 슈퍼마켓에 있어.

도전! 문장 쓰기

_____

⑱ 나는 슈퍼마켓에 없어.

_____

알아두면 좋아요

형용사 단어 happy 행복한 short 키가 작은 tall 키가 큰

명사 단어 gentleman 신사 student 학생

(장소)에 at the library 도서관에 at the bus stop 버스 정류장에 at the supermarket 슈퍼마켓에

바빠 영문법 07

위치 전치사

The ball is on the box.
그 공은 상자 위에 있어.

⭐ '상자'는 the box, '상자 위에'는 어떻게?

'on the box(상자 위에)'의 on이 바로 전치사야. 전치사라는 말이 어렵다고? '전'은 한자로 '앞 전(前)'이고, '치'는 '~에 위치하다'라고 할 때의 '둘 치(置)'야. 그러니까 on을 왜 전치사 라고 하는지 짐작이 되지? 바로 box 같은 **명사 앞에 위치**하기 때문이야.

> The ball is <u>on the box</u>. 그 공은 상자 위에 있어.
>
> └┈┈┈┈┈▶ 전치사는 명사 앞에 위치

⭐ 위치에 따라 쓰는 전치사가 다르다

위치 전치사는 사물이나 사람이 어디 있는지를 알려 줘. '그 공은 상자 **위에** 있어.'라는 말은 어떻게 할까? 바로 'The ball is on the box.' 이때 on이 '~ 위에'라는 의미로 위치를 알려 주지. on 외에도 위치를 나타내는 다른 전치사에는 어떤 것들이 있는지 살펴보자!

 The ball is in the box.	 The ball is on the box.
 The ball is beside the box.	 The ball is under the box.
 The ball is in front of the box.	 The ball is behind the box.

1

그 가방은 / 있다 / ~ 위에 / 의자.

The bag is **on** the chair.

└ 말하는 사람과 듣는 사람 모두 구체적으로
└ 어느 물건인지 알 경우 해당 물건 앞에 the를 붙여.

The bag is **under** the chair.

그 가방은 / 있다 / ~ 아래에 / 의자.

2

그 기타는 / 있다 / ~ 아래에 / 책상.

The guitar is _____ the desk.

The guitar is **in front of** the desk.

그 기타는 / 있다 / ~ 앞에 / 책상.

3

그 공은 / 있다 / ~ 앞에 / 상자.

The ball is _____ _____ _____ the box.

The ball is **beside** the box.

그 공은 / 있다 / ~ 옆에 / 상자.

4

그 책은 / 있다 / ~ 옆에 / 가방.

The book is _____ the bag.

The book is **in** the bag.

그 책은 / 있다 / ~ 안에 / 가방.

5

그 연필은 / 있다 / ~ 안에 / 필통.

The pencil is _____ the pencil case.

The pencil is **behind** the pencil case.

그 연필은 / 있다 / ~ 뒤에 / 필통.

6

그 필통은 / 있다 / ~ 뒤에 / 상자.

The pencil case is _____ the box.

The pencil case is _____ the box.

그 필통은 / 있다 / ~ 위에 / 상자.

Word Check

의자

| c | h | a | | r |

기타

| g | | i | t | a | |

~ 앞에

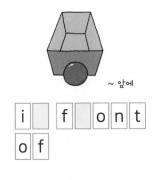

i		f	o	n	t
o	f

~ 옆에

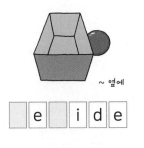

| | e | | i | d | e |

1. The pencil is _____ the book.
그 연필은 　　　　 / 있다 / ~ 아래에 　　　 / 책.

2. The _____ is _____ the pencil case.
그 책은 　　　　 / 있다 / ~ 옆에 　　　 / 필통.

3. The _____ _____ is _____ the bag.
그 필통은 　　　　 / 있다 / ~ 위에 　　　 / 가방.

4. The bag is _____ _____ _____ the chair.
그 가방은 　　 / 있다 / ~ 앞에 　　　　 / 의자.

5. The _____ is _____ the desk.
그 의자는 　　　　 / 있다 / ~ 뒤에 　　　 / 책상.

6. The _____ is _____ the window.
그 책상은 　　　　 / 있다 / ~ 옆에 　　　 / 창문.

7. _____ _____ is _____ the room.
그 창문은 　　　　 / 있다 / ~ 안에 　　 / 방.

8. The _____ is _____ the bathroom.
그 방은 　　　　 / 있다 / ~ 옆에 　　　 / 욕실.

9. _____ _____ is _____ the house.
그 욕실은 　　　　 / 있다 / ~ 안에 　　 / 집.

10. _____ _____ is _____ the hospital.
그 집은 　　　　 / 있다 / ~ 뒤에 　　　 / 병원.

문제로 문법 정리

그림을 보고, 괄호 안에서 알맞은 말을 고르세요.

1. The hospital is (in front of / in) the museum.

2. The bank is (under / beside) the theater.

44

1 그 기타는 상자 안에 있어.

The guitar is _____ the box.

2 그 기타는 상자 위에 있어.

The _____ is on the _____.

3 그 공은 상자 위에 있어.

The ball is _____ _____ _____.

4 그 공은 상자 아래에 있어.

The _____ is under the box.

5 그 공은 책상 아래에 있어.

도전! 문장 쓰기

_____

6 그 가방은 책상 아래에 있어.

The bag is _____ the desk.

7 그 가방은 책상 옆에 있어.

The _____ is beside the _____.

8 그 가방은 의자 옆에 있어.

The bag _____ _____ the chair.

9 그 책은 의자 옆에 있어.

The book is _____ _____ _____.

10 그 책은 의자 위에 있어.

도전! 문장 쓰기

_____

11

그 책은 피아노 위에 있어.

The _____ is _____ the piano.

12

그 책은 피아노 앞에 있어.

The book is in front of _____ _____.

13

그 소파는 피아노 앞에 있어.

The sofa is _____ _____ _____ _____ _____.

14

그 소파는 테이블 앞에 있어.

The _____ is _____ _____ _____ the table.

15

그 소파는 테이블 옆에 있어.

⌐ next to = beside

The _____ is next to the _____.

16

그 피아노는 테이블 옆에 있어.

The piano is _____ to the table.

17

그 극장은 박물관 옆에 있어.

The theater is _____ _____ the museum.

18

그 극장은 박물관 뒤에 있어.

The _____ _____ behind the museum.

알아두면 좋아요

the의 쓰임

말하는 사람과 듣는 사람 모두 알고 있는 물건의 경우 the ball, the box와 같이 해당 물건 앞에 the를 쓴다. 즉, 특정한 사람이나 물건 앞에는 the가 붙는다.

The ball is on the box.

There is/are ~

There is a ball.
공이 있다.

✪ There is/are ~는 '~이 있다'는 뜻

'~이 있다'는 존재 사실 자체를 말할 때는 There is/are ~의 표현을 주로 쓰지. 한 가지
특이한 점! There is/are ~의 표현에서는 주어가 be동사 다음에 있어.

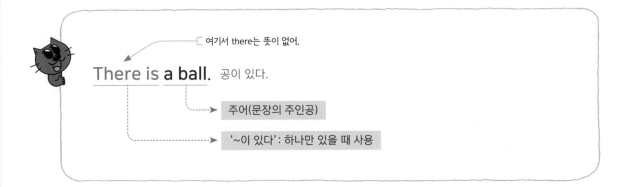

여기서 there는 뜻이 없어.

There is **a ball.** 공이 있다.

주어(문장의 주인공)

'~이 있다': 하나만 있을 때 사용

✪ 1명/1개만 있을 때는 There is ~, 2명/2개 이상 있을 때는 There are ~

공 하나가 있다고 말하려면 There is ~일까, There are ~일까? 하나일 때는 is를 쓰니까
'There is a ball.'로 써 주면 돼. 이 문장의 주인공인 주어는 a ball이라는 점을 꼭 기억해 두자!

1명이나 1개만 있으면	2명이나 2개 이상이 있을 때는
There is ~.	There are ~.
There is a ball. 공 1개가 있다.	There are two balls. 공 2개가 있다.

1

있다   / 선생님 한 분이.

There is a teacher.

_____ _____ two teachers.

있다   / 선생님 두 분이.

2

있다   / 책상 1개가.

There is a desk.

There _____ three desks.

있다   / 책상 3개가.

책상

| d | | s | k |

3

있다   / 모자 1개가.

There is a cap.

_____ _____ four caps.

있다   / 모자 4개가.

모자

| | a | p |

4

있다   / 가방 1개가.

_____ _____ a bag.

There are five bags.

있다   / 가방 5개가.

소녀

| g | i | | l |

5

있다   / 소녀 1명이.

There is a girl.

_____ _____ six girls.

있다   / 소녀 6명이.

6

있다   / 나무 한 그루가. ⎡ a는 '하나의'라는 뜻

_____ _____ a tree.

There are some trees.

있다   / 나무 몇 그루가.

나무

| t | r | | |

48

① There _____ a boy behind the tree.
있다 / 소년 1명이 / 나무 뒤에.

② There _____ boys behind the tree.
있다 / 소년들이 / 나무 뒤에.

③ _____ _____ boys in front of the tree.
있다 / 소년들이 / 나무 앞에.

④ There _____ girls _____ _____ of the tree.
있다 / 소녀들이 / 나무 앞에.

⑤ _____ are _____ beside the lake.
있다 / 소녀들이 / 호수 옆에.

⑥ There _____ a _____ beside the _____.
있다 / 소녀 1명이 / 호수 옆에.

⑦ _____ is _____ student _____ the lake.
있다 / 학생 1명이 / 호수 옆에.

⑧ There _____ a _____ behind the museum.
있다 / 학생 1명이 / 박물관 뒤에.

⑨ There _____ students behind the _____.
있다 / 학생들이 / 박물관 뒤에.

┌ '사람'의 복수 의미로 사람들

⑩ _____ are people _____ the museum.
있다 / 사람들이 / 박물관 뒤에.

문제로 문법 정리

괄호 안의 단어 중 알맞은 것을 고르세요.

1. There (is / are) a tree beside the lake.

2. There (is / are) people in front of the museum.

49

1 침대 위에 가방 2개가 있다.

There _____ two bags on the bed.

2 침대 위에 가방 3개가 있다.

_____ _____ three bags on the bed.

3 침대 위에 가방 1개가 있다. 도전! 문장 쓰기

_____

4 침대 위에 모자 1개가 있다.

There _____ a cap on the bed.

5 침대 아래에 모자 4개가 있다.

There _____ four caps _____ the bed.

6 침대 아래에 상자 4개가 있다.

There _____ four boxes under the bed.

7 테이블 아래에 상자 5개가 있다.

_____ _____ five boxes under the table.

8 테이블 아래에 상자 1개가 있다. 도전! 문장 쓰기

_____

9 테이블 뒤에 상자 6개가 있다.

There _____ six boxes _____ the table.

10 테이블 뒤에 상자 7개가 있다.

There _____ seven chairs behind the table.

11 테이블 뒤에 의자 1개가 있다.

There _____ a chair _____ the table.

12 상자 뒤에 의자 1개가 있다.

_____ _____ a chair behind the box.

13 상자 뒤에 의자 8개가 있다.

도전! 문장 쓰기

_____

14 상자 안에 의자 9개가 있다.

_____ _____ nine chairs in the box.

15 상자 안에 책 1권이 있다.

_____ is a book _____ the box.

16 상자 옆에 책 1권이 있다.

There _____ a book next to the _____.

17 문 옆에 책 10권이 있다.

도전! 문장 쓰기

_____

18 문 옆에 기타 1대가 있다.

There _____ a guitar _____ to the door.

알아두면 좋아요

숫자는 이번 기회에 꼭 외우고 넘어가자!

one	two	three	four	five	six	seven	eight	nine
1	2	3	4	5	6	7	8	9
ten	twenty	thirty	forty	fifty	sixty	seventy	eighty	ninety
10	20	30	40	50	60	70	80	90

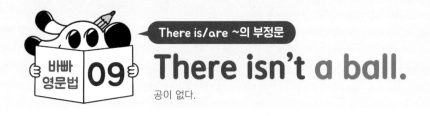

바빠 영문법 09

There is/are ~의 부정문

There isn't a ball.
공이 없다.

⭐ **There is/are ~의 부정문은 is/are 바로 뒤에 not을 쓴다**

be동사(am, are, is)의 부정문은 am, are, is. 그럼 There is/are ~의 부정문도 어려울 게
없네. **There is/are 바로 뒤에 not을 넣기만 하면 되니까~**

There is ⌣ a ball. 공이 없다.
     not
        ⤷ There is 뒤에 not

There are ⌣ balls. 공들이 없다.
     not
        ⤷ There are 뒤에 not

⭐ **is/are와 not이 만나면 줄여 쓸 수 있다**

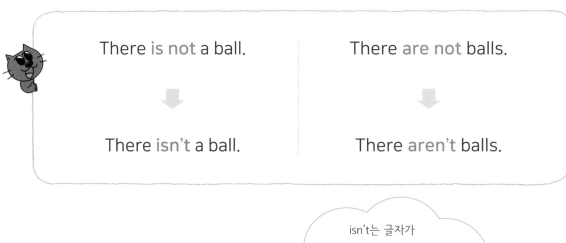

There is not a ball.

⬇

There isn't a ball.

There are not balls.

⬇

There aren't balls.

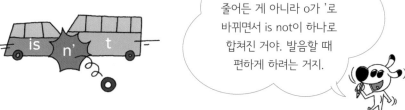

isn't는 글자가
줄어든 게 아니라 o가 '로
바뀌면서 is not이 하나로
합쳐진 거야. 발음할 때
편하게 하려는 거지.

is n' t

1

있다   / 복숭아 1개가   / 그릇 안에.
There is a peach in the bowl.

There _____ _____ a peach in the bowl.
없다   / 복숭아 1개가   / 그릇 안에.

2

있다   / 딸기들이   / 바구니 안에.
There are strawberries in the basket.

There _____ _____ strawberries in the basket.
없다   / 딸기들이   / 바구니 안에.

3

있다   / 오렌지들이   / 상자 안에.
There are oranges in the box.

There _____ _____ oranges in the box.
없다   / 오렌지들이   / 상자 안에.

4

있다   / 멜론 1개가   / 테이블 위에.
There is a melon on the table.

There _____ _____ a melon on the table.
없다   / 멜론 1개가   / 테이블 위에.

5

있다   / 바나나들이   / 접시에.
There are bananas in the dish.

There _____ _____ bananas in the dish.
없다   / 바나나들이   / 접시에.

6

있다   / 배들이   / 쟁반 위에.
There are pears on the tray.

There _____ _____ pears on the tray.
없다   / 배들이   / 쟁반 위에.

Word Check

복숭아
p e a ☐ ☐

바구니
b ☐ s k e t

접시
d i ☐ ☐

쟁반
t ☐ a ☐ y

53

1 There is _____ a book in the bag.
없다   / 책이   / 가방 안에.

2 There _____ _____ books in the bag.
없다   / 책들이   / 가방 안에.

3 _____ _____ _____ pencils in the bag.
없다   / 연필들이   / 가방 안에.

4 There _____ _____ pencils on the table.
없다   / 연필들이   / 테이블 위에.

5 There _____ not a _____ on the table.
없다   / 연필이   / 테이블 위에.

6 There is _____ a pencil next to the book.
없다   / 연필이   / 책 옆에.

7 There is _____ a pencil case _____ _____ the book.
없다   / 필통이   / 책 옆에.

8 There _____ _____ pencil cases next to the book.
없다   / 필통들이   / 책 옆에.

9 There are _____ bags _____ _____ the book.
없다   / 가방들이   / 책 옆에.

10 _____ _____ _____ a bag next to the book.
없다   / 가방이   / 책 옆에.

문제로 문법 정리

괄호 안의 표현 중 알맞은 것을 고르세요.

1. There (is not / are not)
   a ball in the box.

2. There (isn't / aren't)
   apples on the tray.

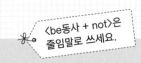

〈be동사 + not〉은 줄임말로 쓰세요.

1

여기에는 서점이 없어.

There _____ a bookstore here.

2

이 부근에는 서점이 없어.

There _____ a _____ near here.

3

이 부근에는 서점들이 없어.

_____ _____ bookstores near here.

4

이 부근에는 병원들이 없어.

There _____ hospitals near _____.

5

이 부근에는 병원이 없어.

There _____ a _____ near here.

6

이 부근에는 공원이 없어.

_____ _____ a park near here.

도전! 문장 쓰기

7

이 부근에는 공원들이 없어.

_____

8

이 주변에는 공원들이 없어.

There _____ parks around here.

문장 연습을 위해 near here는 '이 부근에', around here는 '이 주변에'라고 의미를 구분해 놓았지만, 사실 near here나 around here는 비슷한 표현으로 둘 다 '이 근처에', '이 부근에'라는 의미를 나타내.

9

이 주변에는 우체국들이 없어.

_____ _____ post offices _____ here.

10

이 주변에는 우체국이 없어.

_____ _____ a post office around here.

이 주변에는 레스토랑이 없어.

⑪ There _____ a restaurant _____ _____.

이 주변에는 레스토랑들이 없어.

⑫ There _____ _____ around here.

이 부근에는 극장들이 없어.

⑬ _____

이 부근에는 시장들이 없어.

⑭ There _____ _____ near here.

이 부근에는 시장이 없어.

⑮ _____ _____ a market near here.

이 부근에는 상점이 없어.

⑯ There _____ a store _____ here.

이 부근에는 상점들이 없어.

⑰ There _____ _____ near here.

이 주변에는 상점이 없어.

⑱ _____

56

바빠 영문법 10

There is/are ~의 의문문

Are there balls?

공들이 있니?

⭐ '있는지' 물어볼 때는 is/are를 there 앞으로

There is/are ~의 표현에도 be동사(is, are)가 쓰이니까, '있는지' 물어볼 때는 is/are를 there 앞으로 보내기만 하면 되는 거야.

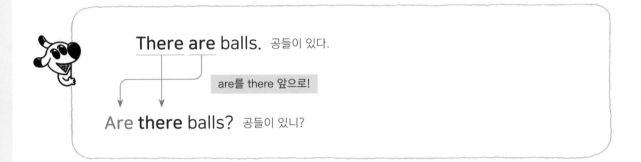

There are balls. 공들이 있다.

are를 there 앞으로!

Are there balls? 공들이 있니?

✏️ **쓰면서 확인해 봐요!**

오렌지가 있니?	→	1 _____ an orange?
경찰서가 있니?	→	2 _____ a police station?
책들이 있니?	→	3 _____ books?
사과들이 있니?	→	4 _____ apples?

⭐ 대답은 Yes 또는 No로 하면 된다

There is/are ~의 의문문	긍정의 대답	부정의 대답
Is there an apple? 사과가 있니? **Is there** milk? 우유가 있니?	**Yes**, there is.	**No**, there isn't.
Are there apples? 사과들이 있니? **Are there** peaches? 복숭아들이 있니?	**Yes**, there are.	**No**, there aren't.

부정의 대답을 할 땐 주로 줄임말로 써.

Word Check

1

있다 / 우유가 / 유리잔에.
There is milk in the glass.

Is there milk in the glass?
있니 / 우유가 / 유리잔에?

> milk와 water 같은 물질명사 앞에는 a/an을 쓰지 않으며, 항상 단수로 취급해. Unit 25에서 자세히 공부하자.

우유

| m | i | | k |

2

있다 / 사과들이 / 테이블 위에.
There are apples on the table.

_____ _____ apples on the table?
있니 / 사과들이 / 테이블 위에?

3

있다 / 오렌지가 / 그릇 안에.
There is an orange in the bowl.

_____ _____ an orange in the bowl?
있니 / 오렌지가 / 그릇 안에?

유리잔

| | l | a | | s |

4

있다 / 복숭아들이 / 냉장고 안에.
There are peaches in the fridge.

_____ _____ peaches in the fridge?
있니 / 복숭아들이 / 냉장고 안에?

5

> 포도 한 알을 가리킬 때는 a grape, 포도송이를 가리킬 때는 grapes

있다 / 포도들이 / 그릇 안에.
There are grapes in the bowl.

_____ _____ grapes in the bowl?
있니 / 포도들이 / 그릇 안에?

그릇

| b | o | | l |

6

있다 / 바나나들이 / 테이블 위에.
There are bananas on the table.

_____ _____ bananas on the table?
있니 / 바나나들이 / 테이블 위에?

1 _____ _____ a police station near here?
있니 / 경찰서가 / 이 부근에?

2 _____ there a library near _____?
있니 / 도서관이 / 이 부근에?

3 _____ _____ libraries near here?
있니 / 도서관들이 / 이 부근에?

4 _____ there _____ near here?
있니 / 극장들이 / 이 부근에?

5 _____ _____ a theater near here?
있니 / 극장이 / 이 부근에?

6 _____ there a park _____ _____?
있니 / 공원이 / 이 부근에?

7 _____ _____ _____ near here?
있니 / 공원들이 / 이 부근에?

8 _____ there parks _____ _____?
있니 / 공원들이 / 이 주변에?

9 _____ _____ hospitals around here?
있니 / 병원들이 / 이 주변에?

10 _____ there a hospital around _____?
있니 / 병원이 / 이 주변에?

문제로 문법 정리

다음 문장을 의문문으로 바꿀 때 빈칸에 알맞은 말을 쓰세요.

1. There is a fire station.

   → _____ _____ a fire station?

2. There are grapes in the basket.

   → _____ _____ grapes in the basket?

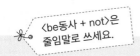

1 냉장고에 멜론들이 있니?

_____ there melons in the fridge?

2 냉장고에 수박들이 있니?

_____ _____ watermelons in the fridge?

3 냉장고에 수박 1통이 있니?

_____ there a watermelon in the _____?

4 냉장고에 물이 있니?

_____ _____ water in the fridge?

5 병에 물이 있니?

Is there _____ in the bottle?

6 병에 우유가 있니?   응, 있어.

_____ there milk _____ the _____? — Yes, _____ is.

7 컵에 우유가 있니?   아니, 없어.

_____ _____ _____ in the cup? — No, there _____.

8 컵에 주스가 있니?   응, 있어.

_____ _____ juice in the _____? — _____, there is.

9 테이블 위에 주스가 있니?   아니, 없어.

_____ — _____, there isn't.

10 테이블 위에 배가 있니?

_____ _____ a pear on the table?

11 테이블 위에 배들이 있니?

_____ there _____ on the table?

12 테이블 위에 포도들이 있니?

_____ _____ grapes on the table?

13 쟁반 위에 포도들이 있니?　　　　　　　　　　응, 있어.

_____ _____ _____ on the tray? — Yes, there _____.

14 쟁반 위에 사과들이 있니?　　　　　　　　　아니, 없어.

_____ there apples _____ the tray? — _____, there aren't.

15 쟁반 위에 사과가 있니?

도전! 문장 쓰기

_____

16 쟁반 위에 오렌지가 있니?　　　　　모음으로 시작하는 단어 앞에는 an

_____ there _____ orange on the tray?

17 쟁반 위에 오렌지들이 있니?　　　　　　　　　　　응, 있어.

_____ _____ oranges _____ the tray? — _____, there are.

18 바구니 안에 오렌지들이 있니?　　　　　　　　　아니, 없어.

_____ _____ _____ in the basket? — No, there _____.

 **알아두면 좋아요**

필수 단어 melon 멜론 fridge 냉장고 watermelon 수박 water 물 bottle 병 milk 우유 cup 컵 juice 주스 table 테이블, 탁자
pear 배 grape 포도 tray 쟁반 apple 사과 orange 오렌지 basket 바구니 banana 바나나

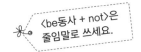

01 비교하면 답이 보인다!

> ✂ <be동사 + not>은 줄임말로 쓰세요.

1

있다 / 멜론이 / 테이블 아래에.
There is a melon under the table.

There _____ a melon _____ the table.
없다 / 멜론이 / 테이블 아래에.

2

있다 / 바나나들이 / 그릇 옆에.
_____ _____ _____ beside the bowl.

There aren't bananas _____ _____ _____.
없다 / 바나나들이 / 그릇 옆에.

3

있다 / 빵이 / 바구니 앞에.
There is bread in front of the basket.

_____ _____ _____ in front of the basket?
있니 / 빵이 / 바구니 앞에?

4

있다 / 수박이 / 쟁반 위에.
There is a watermelon on the tray.

_____ there _____ watermelon _____ _____ _____?
있니 / 수박이 / 쟁반 위에?

5

있다 / 바나나들이 / 상자 뒤에.
There are bananas behind the box.

_____ _____ bananas behind the box?
있니 / 바나나들이 / 상자 뒤에?

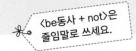

<be동사 + not>은
줄임말로 쓰세요.

1 _____ _____ a theater next to the park?
공원 옆에 극장이 있니?

2 _____, there is _____ _____ next to the park.
응, 공원 옆에 극장이 하나 있어.

3 _____ _____ a theater behind the bank.
은행 뒤에 극장이 하나 있다.

4 _____ _____ a theater _____ the bank.
은행 뒤에는 극장이 없다.

5 There _____ a park _____ _____ _____.
은행 뒤에는 공원이 없다.

6 _____
극장 뒤에 공원이 하나 있다.

7 _____ _____ a park behind the _____?
극장 뒤에 공원이 있니?

8 _____ _____ _____ _____ in front of the theater?
극장 앞에 공원이 있니?

9 Is there a hotel _____ _____ _____ _____ _____?
극장 앞에 호텔이 있니?

10 _____
극장 앞에 호텔이 하나 있다.

⑪ There _____ _____ in front of the theater.
극장 앞에 호텔들이 있다.

⑫ _____ _____ hotels _____ _____ _____ the theater?
극장 앞에 호텔들이 있니?

⑬ _____ _____ _____ near here?
이 부근에 호텔들이 있니?

⑭ _____ _____ supermarkets _____ _____?
이 부근에 슈퍼마켓들이 있니?

⑮ _____
아니, 이 부근에는 슈퍼마켓들이 없어.

⑯ _____ _____ a supermarket _____ here.
이 부근에는 슈퍼마켓이 없다.

⑰ _____ _____ a supermarket near here.
이 부근에 슈퍼마켓이 하나 있다.

⑱ There _____ _____ market _____ _____.
이 부근에 시장이 하나 있다.

🐱 **문제로 문법 정리**   다음 그림과 관계 있는 전치사를 고르세요.

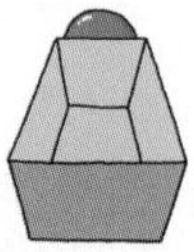

☐ behind   ☐ in

☐ next to   ☐ in front of

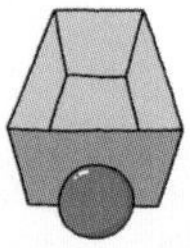

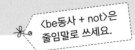

<be동사 + not>은
줄임말로 쓰세요.

1 병에 신선한 우유가 있다.

_____ _____ fresh milk in the bottle.

2 병에 신선한 우유가 없다.

도전! 문장 쓰기

_____

3 그릇에 신선한 우유가 없다.

_____ _____ _____ in the bowl.

4 그릇에 신선한 멜론들이 없다.

_____ _____ fresh melons _____ _____ _____.

5 그릇에 신선한 멜론들이 있다.

도전! 문장 쓰기

_____

6 그릇에 좋은 복숭아들이 있다.

_____ _____ good peaches in the bowl.

7 그릇에 좋은 복숭아들이 있니?

_____ there good _____ in the bowl?

8 그릇에 좋은 쌀이 있니?

rice, juice, milk, bread는
모두 셀 수 없는 명사라서 is와 함께 써.

_____ _____ good rice in the bowl?

9 맛있는 쌀이 있니?

Is _____ delicious _____?

10 맛있는 포도들이 있니?

_____ there delicious grapes?

11 냉장고에 맛있는 포도들이 있니?

Are _____ delicious _____ in the fridge?

12 냉장고에 맛있는 주스가 있니?

_____ _____ delicious juice in the fridge?

13 냉장고에 차가운 주스가 있니?

Is there cold _____ in the _____?

14 냉장고에 차가운 주스가 있다.

There _____ cold juice _____ the fridge.

15 컵에 차가운 주스가 있다.

_____ _____ _____ _____ in the cup.

16 컵 옆에 신선한 주스가 있다.

_____ is fresh _____ beside the cup.

17 컵 옆에 신선한 배들이 있다.

There _____ _____ pears beside the cup.

18 컵 옆에 신선한 배들이 없다.

_____

도전! 문장 쓰기

알아두면 좋아요

필수 단어 fresh 신선한 milk 우유 bottle 병 bowl 그릇 good 좋은 peach 복숭아 rice 쌀 delicious 맛있는
grape 포도 fridge 냉장고 juice 주스 cold 차가운 pear 배

66

단수 명사 vs. 복수 명사 (1)

There are two dogs.
두 마리의 개가 있어.

✪ 2명 이상 또는 2개 이상일 때는 -s를 붙인다

2명 이상 또는 2개 이상 있을 때 우리말은 명사 뒤에 '-들'을 붙이면 돼. 개가 한 마리면 그냥 '개', 여러 마리 있으면 '개들'이라고 하잖아. 영어에서 우리말의 '-들' 역할을 하는 것이 바로 -s야. **한 마리의 개**는 a dog, **두 마리 이상의 개**는 dogs.

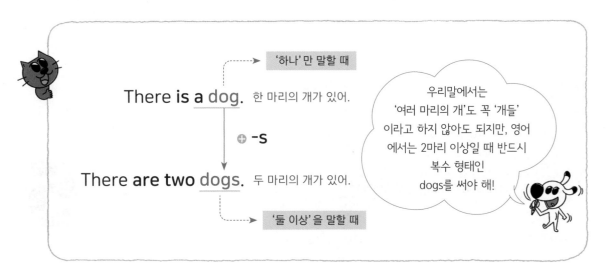

'하나'만 말할 때

There **is a** dog. 한 마리의 개가 있어.

➕ -s

There **are two** dogs. 두 마리의 개가 있어.

'둘 이상'을 말할 때

우리말에서는 '여러 마리의 개'도 꼭 '개들' 이라고 하지 않아도 되지만, 영어 에서는 2마리 이상일 때 반드시 복수 형태인 dogs를 써야 해!

✪ 명사 단어에 따라 2명/2개 이상을 나타내는 형태가 다르다

① 대부분의 단어

단수 명사		복수 명사
a cat	+ -s	cats
an egg		eggs

② -s, -ch, -sh, -x로 끝나는 단어

단수 명사		복수 명사
a bus		buses
a bench	+ -es	benches
a dish		dishes
a box		boxes

01 비교하면 답이 보인다!

1.
있다 / 1마리의 고양이가 / 소파에.
There is a cat on the couch.

There are **three cats** on the couch.
있다 / 3마리의 고양이들이 / 소파에.

2.
있다 / 1개의 사과가 / 그릇 안에.
There is an apple in the bowl.

There are **many** _____ in the bowl.
있다 / 많은 사과들이 / 그릇 안에.

3.
있다 / 1명의 소년이 / 나무 아래에.
There is a boy under the tree.

There are **five** _____ under the tree.
있다 / 5명의 소년들이 / 나무 아래에.

4.
1대의 버스가 / 있다 / 버스 정류장에.
A bus is at the bus stop.

Two _____ are at the bus stop.
2대의 버스들이 / 있다 / 버스 정류장에.

5.
그 벤치는 / ~이다 / 매우 긴.
The bench is very long.

The _____ are very long.
그 벤치들은 / ~이다 / 매우 긴.

6.
그 상자는 / ~이다 / 매우 큰.
The box is very big.

The _____ are very big.
그 상자들은 / ~이다 / 매우 큰.

Word Check

소파
 o c h

5, 다섯
 f i e

벤치
 e n h

☐ a/an은 '1명/1개'일 때만 사용해.

1 It is _____ dish.
그것은 / ~이다 / 1개의 접시.

2 They are _____.
그것들은 / ~이다 / 접시들.

3 They _____ watches.
그것들은 / ~이다 / 시계들.

4 They _____ new _____.
그것들은 / ~이다 / 새 시계들.

5 It _____ a new _____.
그것은 / ~이다 / 새 시계.

6 It is _____ new map.
그것은 / ~이다 / 새 지도.

7 _____ _____ new maps.
그것들은 / ~이다 / 새 지도들.

8 They _____ old _____.
그것들은 / ~이다 / 낡은 지도들.

9 _____ _____ old boxes.
그것들은 / ~이다 / 낡은 상자들.

old는 모음으로 시작하니까
an을 붙여 an old box로 써야 해.

10 It _____ _____ old box.
그것은 / ~이다 / 낡은 상자.

😺 문제로 문법 정리

두 그림을 비교하여 빈칸에 알맞은 말을 쓰세요.

1.

dish _____

2.

_____ maps

1

그들은 배우들이다.

They are _____.

2

그들은 재미있는 배우들이다.

They _____ interesting actors.

3

그들은 재미있는 여배우들이다.

_____ _____ interesting _____.

4

그녀는 재미있는 여배우이다.

자음으로 시작하는 단어 앞에는 a
모음으로 시작하는 단어 앞에는 an

_____ is _____ interesting actress.

5

그것은 재미있는 수업이다.

It _____ _____ interesting class.

6

그것은 영어 수업이다.

It _____ _____ English _____.

7

그것들은 영어 수업들이다.

They are _____ _____ .

8

그것들은 따분한 수업들이다.

_____ _____ boring _____.

9

그것들은 따분한 책들이다.

도전! 문장 쓰기

_____

10

그것은 따분한 책이다.

It is _____ boring _____.

⑪ 그 책은 따분하다.

The book _____ _____.

⑫ 그 책은 더럽다.

The _____ _____ dirty.

도전! 문장 쓰기

⑬ 그 책들은 더럽다.

_____

⑭ 그 벤치들은 더럽다.

The benches _____ _____.

⑮ 그 벤치들은 깨끗하다.

The _____ _____ clean.

도전! 문장 쓰기

⑯ 그 벤치는 깨끗하다.

_____

⑰ 그 버스는 깨끗하다.

The bus _____ clean.

도전! 문장 쓰기

⑱ 그 버스들은 깨끗하다.

_____

 알아두면 좋아요

bus의 복수형에는 -s가 아니라 왜 -es가 붙을까?

(×)	(O)
buss[버스스]	buses[버시-즈]
brushs[브러쉬스]	brushes[브러쉬-즈]

발음을 보면 쉽게 알 수 있어. -s, -ch, -sh, -x로 끝나는 단어에 만약 [-s/스]를 붙이면 입 안에 힘이 더 많이 들어가서 발음하기 불편해. 대신 [-es/이즈]를 붙이면 발음이 부드럽게 넘어가서 말하기 훨씬 쉬워지지.

The fish are beautiful.
물고기들이 아름답다.

☆ 여러 개를 나타낼 때 주의해야 할 명사들이 있다

> 사진들(photos)이나 라디오들(radios), 피아노들(pianos)은 그냥 -s만 붙어. 이런 단어는 따로 외워야 해.

-o로 끝나는 명사	a tomato 토마토	➕ -es	ten tomatoes 10개의 토마토
	a photo 사진	➕ -s	many photos 많은 사진
[자음 + -y]로 끝나는 명사	a baby 아기	y를 i로 고치고	five babies 5명의 아기
	a city 도시	➕ -es	many cities 많은 도시
-f(e)로 끝나는 명사	a knife 칼	f(e)를 v로 고치고	three knives 3개의 칼
	a leaf 나뭇잎	➕ -es	many leaves 많은 나뭇잎

☆ 불규칙한 명사: 여러 개를 말할 때 모양이 많이 바뀌는 경우가 있다

man 남자	모음 a → e	ten men 10명의 남자
woman 여자		twenty women 20명의 여자
foot 발	모음 oo → ee	both feet 양발
tooth 이		several teeth 여러 개의 이
mouse 쥐	모음 ou → i	several mice 여러 마리의 쥐
ox 소	➕ -en	many oxen 많은 소
child 어린이	➕ -ren	thirty children 30명의 어린이
fish 물고기		forty fish 40마리의 물고기
sheep 양	형태 변화가 없다!	fifty sheep 50마리의 양
deer 사슴		sixty deer 60마리의 사슴
person 사람	완전히 다른 형태로 바뀐다!	many people 많은 사람들

> 이 단어들도 큰 소리로 읽고, 외워질 때까지 써 보자.

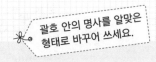

괄호 안의 명사를 알맞은 형태로 바꾸어 쓰세요.

1 There are three _____ on the wall.
있다 / 3장의 사진들이(photo) / 벽에.

2 There are many _____ on the floor.
있다 / 많은 감자들이(potato) / 바닥에.

3 The _____ are very kind.
그 여성들은(lady) / ~이다 / 매우 친절한.

4 The _____ are very short.
그 칼들은(knife) / ~이다 / 매우 짧은.

5 They are small _____.
그것들은 / ~이다 / 작은 늑대들(wolf).

6 They are old _____.
그들은 / ~이다 / 나이든 여자들(woman).

7 My _____ are clean.
내 발(들)은(foot) / ~이다 / 깨끗한.

8 There are many _____ in the house.
있다 / 많은 쥐들이(mouse) / 그 집에.

9 Several _____ are sick.
여러 마리의 소들이(ox) / ~이다 / 아픈.

10 The _____ are happy.
그 어린이들은(child) / ~이다 / 행복한.

11 The _____ are beautiful.
그 물고기들은(fish) / ~이다 / 아름다운.

12 The _____ are busy.
그 도시들은(city) / ~이다 / 분주한.

Word Check

사진
| h | o | | o |

칼
| k | | i | | e |

늑대
| | o | l | |

소
| | o | | |

73

① A _____ is in front of the bank.
1명의 남자가   / 있다 / 은행 앞에.

② Twenty _____ are _____ _____ _____ the bank.
20명의 남자들이   / 있다 / 은행 앞에.

③ _____ _____ are in front of the park.
30명의 남자들이   / 있다 / 공원 앞에.

④ Forty _____ are _____ _____ _____ _____ _____.
40명의 여자들이   / 있다 / 공원 앞에.

⑤ _____
50명의 여자들이 / 있다 / 공원 안에.

⑥ A _____ is in the park.
1명의 여자가   / 있다 / 공원 안에.

⑦ _____ _____ is in the park.
1명의 어린이가   / 있다 / 공원 안에.

⑧ Sixty _____ _____ in the park.
60명의 어린이들이   / 있다   / 공원 안에.

└ about: (부사) 약, 대략 / (전치사) ~에 관하여

⑨ About _____ _____ are _____ the park.
약   / 60명의 어린이들이   / 있다 / 공원 안에.

⑩ _____
약 / 70명의 사람들이 / 있다 / 공원 안에.

문제로 문법 정리

두 그림을 비교하여 빈칸에 알맞은 말을
쓰세요.

1.

man   _____

2.

woman   _____

3.

_____   children

1 100개의 토마토가 있다.

There _____ a hundred _____.

2 1개의 토마토가 있다.

There _____ a _____.

3 1개의 감자가 있다.

There is _____ _____.

4 90개의 감자가 있다.

도전! 문장 쓰기

_____

5 90개의 칼이 있다.

There _____ ninety _____.

6 1개의 칼이 있다.

There is _____ _____.

7 1장의 사진이 있다.

There _____ a _____.

8 80장의 사진이 있다.

There are eighty _____.

9 70마리의 양이 있다.

There _____ seventy _____.

10 1마리의 양이 있다.

도전! 문장 쓰기

_____

⑪ 1마리의 양과 1마리의 사슴이 있다.

There _____ a sheep and a _____.

⑫ 60마리의 사슴이 있다.

There _____ sixty _____.

⑬ 1마리의 사슴이 있다.

There _____ _____ deer.

⑭ 1마리의 물고기가 있다.

There is _____ _____.

⑮ 50마리의 물고기가 있다.

도전! 문장 쓰기

_____

⑯ 40마리의 쥐가 있다.

There _____ forty _____.

⑰ 1마리의 쥐가 있다.

도전! 문장 쓰기

_____

⑱ 30마리의 소와 1마리의 쥐가 있다.

There _____ thirty _____ and _____ mouse.

알아두면 좋아요

and(그리고)

and는 '~와/과' 또는 '그리고'라는 뜻으로, 주어 자리에 'A and B'(A와 B)가 오면 항상 복수 취급을 해서 동사도 복수 동사인 are를 써 주어야 해.

| John and Fred are handsome. | There are a boy and a girl in the room. |
| 복수 주어   복수 동사 | 복수 동사   복수 주어 |

My mother is busy.

나의 엄마는 바쁘다.

☆ 사람이나 사물을 대신해서 쓰는 간편한 말이 있다

'**안나**는 공주야. **그녀**는 귀여워.'에서 '그녀'는 '안나'를 가리키지? '**그녀**'는 '인칭대명사'인데, 대명사는 '대신 부르는 명사'라는 뜻이고, 사람을 가리키는 대명사라서 '인칭대명사'라고 하는 거야. 영어도 마찬가지야. 아래 문장에서 Anna를 대신해서 쓴 She가 바로 인칭대명사인데, 주어 자리에 쓰기 때문에 '주격 인칭대명사'라고 해.

Anna is a princess. She is cute. 안나는 공주야. 그녀는 귀여워.
여자 이름

➡ 여자 1명을 받을 때 쓰는 주격 인칭대명사

☆ '누구의' 것인지 소유를 나타내는 말이 있다

'엄마가 지금 바쁘셔.'처럼 우리말은 '나의' 엄마라고 꼬박꼬박 말하지 않잖아. 그런데 영어에 서는 my mother처럼 소유 관계를 항상 분명히 밝혀 줘.

My mother is busy. 나의 엄마는 바쁘다.

➡ '누구의' 엄마인지 밝혀 주는 소유격 인칭대명사

☆ 인칭대명사의 형태는 변화한다

나(I)와 우리(we)는 1인칭, 너(you)와 너희들(you)은 2인칭, 나머지는 모두 3인칭이야. 그래서 그, 그녀 외에 나무, 고양이, 자동차와 같은 사물들도 모두 3인칭이지.

격 \ 인칭	1인칭(나 포함)		2인칭(상대방)		3인칭(제3자)			
					1명/1개			여러 명/ 여러 개
	1명(나)	2명 이상	1명	2명 이상	남성	여성	중성	
주격	I	we	you	you	he	she	it	they
소유격	my	our	your	your	his	her	its	their

Word Check

프레드는 / ~이다 / 키가 큰 왕자.

Fred is a tall prince.

1

_____ is a tall prince.

그는 / ~이다 / 키가 큰 왕자.

왕자

| p | | i | n | | e |

존과 나는 / ~이다 / 좋은 친구들.

John and I are good friends.

2

_____ are good friends.

우리는 / ~이다 / 좋은 친구들.

그 개는 / ~이다 / 귀여운.

The dog is cute.

3

_____ is cute.

그것은 / ~이다 / 귀여운.

친구

| | r | i | e | d |

제인은 / ~이다 / 학생.

Jane is a student.

4

_____ is _____ student.

그녀는 / ~이다 / 나의 학생.

수지와 프레드는 / ~이다 / 아이들.

Susie and Fred are children.

5

_____ are _____ children.

그들은 / ~이다 / 우리의 아이들.

애완동물

| p | e | |

페기는 / ~이다 / 애완동물.

Peggy is a pet.

6

_____ is _____ pet.

그것은 / ~이다 / 그녀의 애완동물.

1 My feet _____ small.
나의 발들은   / ~이다   / 작은.

2 _____ hands are _____.
나의 손들은   / ~이다 / 작은.

3 Your _____ are small.
너의 손들은   / ~이다 / 작은.

4 _____ face is small.
너의 얼굴은   / ~이다 / 작은.

5 Her _____ is _____.
그녀의 얼굴은   / ~이다 / 작은.

6 _____ face _____ bright.
그녀의 얼굴은   / ~이다   / 밝은.

7 Their faces _____ _____.
그들의 얼굴들은   / ~이다   / 밝은.

8 _____ teeth are bright.
그들의 치아들은   / ~이다 / 밝은.

9 His _____ are bright.
그의 치아들은   / ~이다 / 밝은.

10 _____ _____ are beautiful.
그의 치아들은   / ~이다 / 아름다운.

11 Our teeth _____ _____.
우리의 치아들은   / ~이다   / 아름다운.

12 _____ eyes _____ beautiful.
우리의 눈들은   / ~이다   / 아름다운.

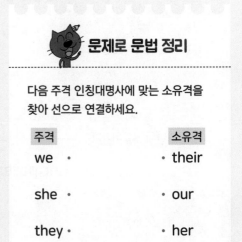

문제로 문법 정리

다음 주격 인칭대명사에 맞는 소유격을 찾아 선으로 연결하세요.

주격	소유격
we ·	· their
she ·	· our
they ·	· her

1 그는 내 사촌이야.

_____ is my cousin.

2 그는 제 학생입니다.

He is _____ student.

3 그녀는 제 학생입니다.

She _____ _____ student.

4 그녀는 그의 학생입니다.

_____ is his student.

5 그들은 그의 학생들입니다.

They are _____ _____.

6 그분들이 그의 부모입니다.

_____ are his parents.

7 우리가 그의 부모입니다.

_____ _____ his parents.

8 우리가 그녀의 부모입니다.

도전! 문장 쓰기

_____

9 제가 그녀의 부모입니다.

부모 중 한 분을 가리킬 때는 parent,
부모 두 분을 다 가리킬 때는 parents

_____ _____ her parent.

10 제가 그들의 부모입니다.

I am their _____.

11 당신들이 그들의 부모들이시군요.

You are _____ parents.

12 당신이 그들의 선생님이시군요.

도전! 문장 쓰기

_____

13 당신이 우리의 선생님이시군요.

_____ are our teacher.

14 그들이 우리 선생님들이셔.

They are _____ teachers.

15 그들이 너희 선생님들이셔.

_____ are your teachers.

16 그녀가[그분이] 네 선생님이셔.

She is _____ _____.

17 그녀가 네 애완동물이구나.

_____ is _____ pet.

┌ 동물은 it이라는 인칭대명사를 쓰지만, 성별을 알고
└ 있을 때는 she 또는 he로 구분해서 쓸 수도 있어.

18 그것이 네 애완동물이구나.

도전! 문장 쓰기

_____

 알아두면 좋아요

인칭대명사가 구체적으로 누구를 대신해 쓰는 것인지 다음 예를 통해서 익혀 보자!

| he and I → we | you and he → you | the girl → she | the boy → he | he and she → they | the book → it |
| you and I → we | you and Jane → you | Ms. Smith → she | Mr. Smith → he | John and Fred → they | the books → they |

지시대명사

This is empty. That is full.
이것은 비어 있어. 저것은 꽉 차 있네.

⭐ 가까이에 있는 것은 this, 멀리 있는 것은 that

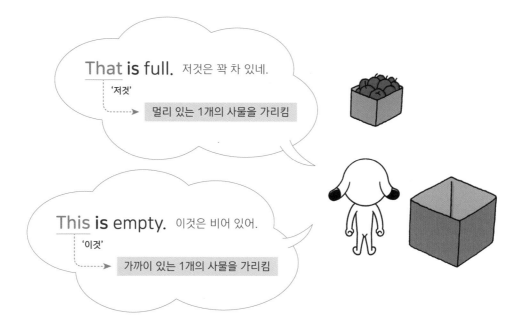

That is full. 저것은 꽉 차 있네.
'저것'
→ 멀리 있는 1개의 사물을 가리킴

This is empty. 이것은 비어 있어.
'이것'
→ 가까이 있는 1개의 사물을 가리킴

⭐ 2개 이상일 때는 복수형 these/those를 쓴다

Those are peaches. 저것들은 복숭아들이야.
'저것들'
→ 멀리 있는 여러 개의 사물을 가리킴

These are apples. 이것들은 사과들이야.
'이것들'
→ 가까이 있는 여러 개의 사물을 가리킴

이것은 / ~이다 / 내 가방.

1

This is my bag.

_____ is my bag.

저것은 / ~이다 / 내 가방.

이것들은 / ~이다 / 그의 모자들.

2

These are his caps.

_____ are his caps.

저것들은 / ~이다 / 그의 모자들.

이것은 / ~이다 / 그녀의 드레스.

3

This is her dress.

_____ are her dresses.

이것들은 / ~이다 / 그녀의 드레스들.

┌ this일 때는 단수 명사
└ these일 때는 복수 명사

저것은 / ~이다 / 그들의 애완동물.

4

_____ is their pet.

Those are their pets.

저것들은 / ~이다 / 그들의 애완동물들.

┌ that일 때는 단수 명사
└ those일 때는 복수 명사

~이니 / 이 사람은 / 네 형?

5

Is this your brother?

_____ _____ your brothers?

~이니 / 이 사람들은 / 네 형들?

┌ 의문문으로 쓸 때는 be동사를
└ 주어인 this 앞으로!

~이니 / 저 사람은 / 프레드의 누나?

6

_____ _____ Fred's sister?

Are those Fred's sisters?

~이니 / 저 사람들은 / 프레드의 누나들?

┌ 명사의 소유격: -'s

Word Check

드레스

| | | e | s | s |

형, 오빠

| b | r | | t | | e | r |

누나, 언니

| s | i | | t | e | r |

┌ 사람을 가리킬 때도 this/that이나
└ these/those를 쓸 수 있어.

1 _____ is our grandmother.
이분은 / ~이다 / 우리 할머니.

2 _____ _____ our grandparents.
이분들은 / ~이다 / 우리 조부모.

3 _____ are our grandparents.
저분들은 / ~이다 / 우리 조부모.

4 _____ _____ our grandfather.
저분은 / ~이다 / 우리 할아버지.

5 _____
이분은 / ~이다 / 그녀의 할아버지.

6 _____ _____ her son.
이 사람은 / ~이다 / 그녀의 아들.

7 _____ are _____ sons.
이 사람들은 / ~이다 / 그녀의 아들들.

8 _____ are her sons.
저 사람들은 / ~이다 / 그녀의 아들들.

9 _____ _____ her daughters.
저 사람들은 / ~이다 / 그녀의 딸들.

10 _____ _____ my daughter.
저 사람은 / ~이다 / 나의 딸.

문제로 문법 정리

그림을 보고, 빈칸에 알맞은 말을 〈보기〉에서 골라 쓰세요.

보기	those	that
	these	this

1. _____ is an apple.

2. _____ is a banana.

1 저것은 제인의 모자이다.

_____ is Jane's hat.

2 저것들은 제인의 모자들이다.

_____ _____ Jane's hats.

3 저것들은 제인의 모자들이다.

_____ are _____ caps.

4 저것은 제인의 모자이다.

_____ is Jane's cap.

5 저것은 존의 모자이다.

_____ _____ John's cap.

도전! 문장 쓰기

6 저것은 존의 발이다.

_____

7 이것은 존의 발이다.

한쪽 발은 foot,
양발은 feet

This _____ John's foot.

8 이것들은 존의 발(들)이다.

These _____ John's _____.

9 이것들은 그의 발(들)이다.

_____ are _____ feet.

도전! 문장 쓰기

10 저것들은 그의 발(들)이다.

_____

11 저것들은 그의 신발(들)이다.

신발 한 짝은 shoe,
두 짝 다 있으면 shoes

_____ are his shoes.

12 저것들은 그의 신발(들)이니?

_____ _____ his shoes?

13 이것들은 그의 신발(들)이니?

Are _____ his _____?

14 이것은 그의 신발이니?

Is _____ his shoe?

15 이것은 네 신발이니?

도전! 문장 쓰기

_____

16 이것은 네 재킷이니?

_____ _____ your jacket?

17 이것들은 네 재킷(들)이니?

도전! 문장 쓰기

_____

18 이것들은 네 드레스(들)이니?

Are _____ _____ dresses?

🐱 **알아두면 좋아요**

hat과 cap의 차이는 뭘까?
그림으로 알아보자.
챙이 360° 다 있는 것은 hat

앞쪽에만 챙이 있는 것은 cap

지시형용사·소유대명사

That cap is yours.
저 모자가 네 것이야.

⭐ 이 모자는 this cap, 저 모자는 that cap

가까이에 있는 사람이나 사물에 대해서는 this, 멀리 있는 사람이나 사물에 대해서는 that을 사용할 수 있다고 배웠지. 그런데 **this/that을 사람이나 사물(명사) 앞에 붙여서** 그 사람이나 사물을 구체적으로 설명할 때 쓸 수도 있어. 그리고 **2개 이상의 대상 앞에는 these/those**를 써야 하는 거 알지?

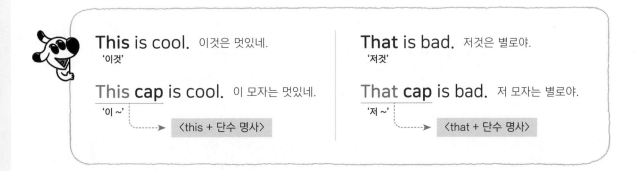

This is cool. 이것은 멋있네.
'이것'

This cap is cool. 이 모자는 멋있네.
'이 ~' ⟶ 〈this + 단수 명사〉

That is bad. 저것은 별로야.
'저것'

That cap is bad. 저 모자는 별로야.
'저 ~' ⟶ 〈that + 단수 명사〉

⭐ '~의 것'이라는 의미를 한 단어로 쓸 수 있다

대명사의 좋은 점은 구체적인 사람이나 사물의 이름을 반복해서 쓰지 않고 대신해서 받아 간단히 나타낼 수 있다는 거지. '~의 것'이라는 소유 대상도 영어에서는 한 단어로 나타낼 수 있어.

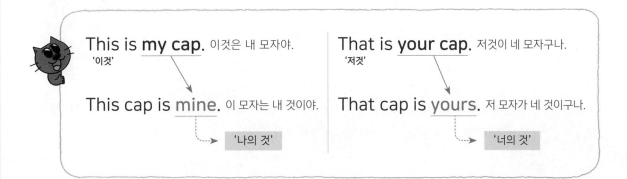

This is **my cap**. 이것은 내 모자야.
'이것'

This cap is **mine**. 이 모자는 내 것이야.
⟶ '나의 것'

That is **your cap**. 저것이 네 모자구나.
'저것'

That cap is **yours**. 저 모자가 네 것이구나.
⟶ '너의 것'

	1인칭(나 포함)		2인칭(상대방)		3인칭(제3자)			
	1명(나)	2명 이상	1명	2명 이상	1명/1개			여러 명/여러 개
					남성	여성	중성	
소유대명사 (~의 것)	mine	ours	yours	yours	his	hers	없음	theirs

Word Check

① 이것은 / ~이다 / 아름다운 드레스.
This is a beautiful dress.

_____ _____ is beautiful.
이 드레스는 / ~이다 / 아름다운.

② 이것들은 / ~이다 / 노란색 셔츠들.
These are yellow shirts.

┌─── 복수 명사 앞에는 these가 필요해!
_____ _____ are yellow.
이 셔츠들은 / ~이다 / 노란색인.

③ 저것은 / ~이다 / 시원한 티셔츠.
That is a cool T-shirt.

_____ _____ is cool.
저 티셔츠는 / ~이다 / 시원한.

④ 저 장갑은 / ~이다 / 그의 것.
That glove is **his.** (his = his glove)

_____ gloves are **his.** (his = his gloves)
저 장갑(들)은 / ~이다 / 그의 것.

⑤ 이 모자는 / ~이다 / 나의 것.
_____ hat is _____. (mine = my hat)

These hats are **mine.** (mine = my hats)
이 모자들은 / ~이다 / 나의 것.

⑥ 저 모자는 / ~이다 / 그녀의 것.
That cap is **hers.** (hers = her cap)

┌─── 복수 명사 앞에는 those가 필요해!
_____ caps are _____. (hers = her cap)
저 모자들은 / ~이다 / 그녀의 것.

노란색

| y | e | l | l | ⬜ | w |

셔츠

| ⬜ | h | i | r | t |

장갑

| g | ⬜ | o | v | ⬜ | s |

88

1 _____ shirt is mine. (mine = my shirt)
저 셔츠는 / ~이다 / 내 것.

2 _____ _____ is yours. (yours = your shirt)
저 셔츠는 / ~이다 / 너의 것.

3 _____ shirts are _____. (yours = your shirts)
저 셔츠들은 / ~이다 / 너의 것들.

4 _____ shirts _____ his. (his = his shirts)
저 셔츠들은 / ~이다 / 그의 것들.

5 Those jackets _____ _____. (his = his jackets)
저 재킷들은 / ~이다 / 그의 것들.

6 _____ jacket is _____. (his = his jacket)
이 재킷은 / ~이다 / 그의 것.

this와 명사 사이에 형용사를
넣어서 명사를 꾸며 줄 수 있어.

7 _____ black jacket _____ his. (his = his jacket)
이 검은색 재킷은 / ~이다 / 그의 것.

8 _____ _____ _____ is hers. (hers = her jacket)
이 검은색 재킷은 / ~이다 / 그녀의 것.

9 These black coats are _____. (hers = her coats)
이 검은색 코트들은 / ~이다 / 그녀의 것들.

10 _____ green _____ are hers. (hers = her coats)
이 녹색 코트들은 / ~이다 / 그녀의 것들.

문제로 문법 정리

각 표현에 알맞은 소유대명사를 찾아
선으로 연결하세요.

my coat · · hers

your jacket · · yours

her shirt · · mine

1 이 의자는 그녀의 것이야.

_____ chair is hers.

2 이 의자는 나의 것이야.

_____ chair _____ mine.

3 이 의자들은 나의 것(들)이야.

도전! 문장 쓰기

_____

4 이 책상들은 나의 것(들)이야.

_____ desks are mine.

5 이 책상은 그들의 것이야.

_____ _____ is theirs.

6 저 책상은 그들의 것이야.

_____ desk is _____.

7 저 책상은 그의 것이야.

도전! 문장 쓰기

_____

8 저 드럼들은 그의 것(들)이야.

_____ drums are his.

9 이 드럼들은 그의 것(들)이야.

_____ drums _____ his.

10 이 드럼이 네 것이야.

_____ _____ _____ yours.

11 이 피아노는 네 것이야.

_____

12 저 피아노는 네 것이야.

_____ piano is yours.

13 저 피아노들은 네 것(들)이야.

_____ _____ are yours.

14 저 작은 피아노들은 그녀의 것(들)이야.

_____ small pianos are _____.

15 이 작은 바이올린들은 그녀의 것(들)이야.

_____ _____ violins are hers.

16 이 작은 바이올린은 우리의 것이야.

_____ _____ _____ is ours.

17 저 긴 플루트가 우리의 것이야.

_____ long flute is _____.

18 저 긴 플루트들이 우리의 것(들)이야.

_____ _____ flutes _____ ours.

 알아두면 좋아요

짝을 이루는 사물은 복수 명사로!

shoes 신발	boots 부츠	socks 양말
gloves 장갑	glasses 안경	pants 바지
ears 귀	eyes 눈	hands 손
feet 발		

신발, 양말 등은 2개를 짝을 이루어 쓰잖아. 그래서 보통 복수 명사로 쓰지. 눈, 귀, 손, 발도 2개씩 있으니까 일반적인 상황에서는 마찬가지로 복수 명사로 써. 그런데 한 짝 혹은 한 개만 가리켜 말할 경우는 a shoe, a boot, a sock, a glove, an ear, an eye, a hand, a foot처럼 단수 명사로 써야 해.

01 비교하면 답이 보인다!

1

그것의 지붕은 / ~이다 / 빨간색인.

Its roof is red.

└ roof의 복수형은 -f로 끝나도 -s만 붙여 roofs!

_____ _____ are red.

그것의 지붕들은 / ~이다 / 빨간색인.

2

네 물고기는 / ~이다 / 색깔이 화려한.

Your fish is colorful.

_____ _____ are colorful.

그들의 물고기들은 / ~이다 / 색깔이 화려한.

3

이 사람은 / ~이다 / 나의 형.

This is _____ brother.

_____ are **his** brothers.

이 사람들은 / ~이다 / 그의 형들.

4

저 사람은 / ~이다 / 그녀의 아이.

_____ is _____ child.

Those are **our** _____.

저 사람들은 / ~이다 / 우리의 아이들.

5

이 상자는 / ~이다 / 너의 것.

_____ box is _____.

_____ _____ are **theirs**.

이 상자들은 / ~이다 / 그들의 것.

6

저 양은 / ~이다 / 그녀의 것.

_____ sheep is _____.

_____ _____ are _____.

저 양들은 / ~이다 / 나의 것.

1 _____ _____ my knife.
이것은 내 칼이다.

2 These are _____ _____.
이것들은 내 칼들이다.

3 _____ _____ are mine.
이 칼들은 내 것(들)이다.

4 These spoons are _____.
이 숟가락들은 내 것(들)이다.

5 _____ spoons are mine.
저 숟가락들은 내 것(들)이다.

6 Those _____ _____ his.
저 숟가락들은 그의 것(들)이다.

7 _____
저것들은 그의 숟가락들이다.

8 _____ _____ his spoon.
저것은 그의 숟가락이다.

알아두면 좋아요

주의해야 할 복수 명사 (1)

baby — babies   city — cities

knife — knives   leaf — leaves

roof — roofs

9 That is _____ fork.
저것은 그녀의 포크이다.

⑩ _____ fork _____ hers.
저 포크는 그녀의 것이다.

주의해야 할 복수 명사 (2)

box — boxes   bus — buses

dish — dishes   watch — watches

photo — photos   radio — radios

piano — pianos

⑪ Those _____ are _____.
저 포크들은 그녀의 것(들)이다.

⑫ _____ are her forks.
저것들은 그녀의 포크들이다.

⑬ Those _____ your dishes.
저것들은 너의 접시들이다.

⑭ These are _____ dishes.
이것들은 너의 접시들이다.

⑮ _____
이 접시들은 너의 것(들)이다.

⑯ _____ dish is yours.
이 접시는 너의 것이다.

⑰ This _____ is theirs.
이 접시는 그들의 것이다.

⑱ _____
이것은 그들의 접시이다.

1 저 피아노는 그들의 것이야.

That piano is _____.

2 저 피아노들은 그들의 것(들)이야.

Those _____ are theirs.

3 저 토마토들은 그들의 것(들)이야.

_____ tomatoes are theirs.

4 저 토마토들은 우리의 것(들)이야.

Those _____ are ours.

5 저 감자들은 우리의 것(들)이야.

_____ potatoes are _____.

6 저 감자는 우리의 것이야.

도전! 문장 쓰기

_____

7 저것은 우리의 감자야.

That is _____ potato.

8 저것은 그녀의 라디오야.

_____ is her radio.

9 이것은 그녀의 라디오야.

_____ is _____ radio.

10 이것들은 그녀의 라디오들이야.

These _____ her _____.

95

11 이 라디오들은 그녀의 것(들)이야.

_____ radios are _____.

도전! 문장 쓰기

12 이 시계들은 그녀의 것(들)이야.

_____

13 이 시계는 그녀의 것이야.

_____ watch is hers.

14 이 사슴은 그의 것이야.

This deer _____ _____.

15 이 사슴들은 그의 것(들)이야.

_____ _____ are his.

16 이것들은 그의 사슴들이야.

These are _____ deer.

17 이 사람들은 그의 아이들이야.

_____ _____ his children.

도전! 문장 쓰기

18 이 사람은 그의 아이야.

_____

알아두면 좋아요

주의해야 할 복수 명사 (4)

actress — actresses	person — people	man — men	woman — women
child — children	mouse — mice	tooth — teeth	fish — fish
deer — deer	sheep — sheep		

⭐ wash, eat, go, study 등은 일반동사

아침에 일어나 '씻고(wash)', 밥을 '먹고(eat)', 학교에 '가고(go)', '공부하고(study)'. 사람들의 이런 행동은 일반동사로 나타낼 수 있어. 이제부터는 be동사가 아닌 '일반동사'를 써 보자.

⭐ 일반동사는 인칭, 수, 시제에 따라 형태가 바뀐다

일반동사는 기본적으로 '**동사원형**'(사전에 나오는 **동사**의 원래 **형태**)을 그대로 써. **그(he)**, **그녀(she)**, **그것(it)**이 주어 자리에 오면, 동사 끝에 -(e)s의 꼬리를 붙여 주지.

주어	일반동사

I eat bananas.
We eat bananas.
You eat bananas.
They eat bananas.

He eats bananas.
She eats bananas.
It eats bananas.

⭐ 3인칭 단수형 동사에는 -(e)s의 꼬리가 붙는다

대부분의 동사는 ⊕ -s	-o, -s, -ch, -sh, -x로 끝나는 동사는 ⊕ -es
eat → **eats**	wash → **wash**es
[모음 + -y]로 끝나는 동사는 ⊕ -s	[자음 + -y]로 끝나는 동사는 y를 i로 고치고 ⊕ -es
buy → **buy**s	study → **stud**ies
불규칙 변화 동사	
have → **has**	

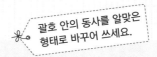

괄호 안의 동사를 알맞은 형태로 바꾸어 쓰세요.

1 He _____ his homework.
그는 / 한다(do) / 그의 숙제를.

2 It _____ fruit.
그것은 / 좋아한다(like) / 과일을.

3 John _____ science.
존은 / 공부한다(study) / 과학을.

4 Jane _____ a blue bag.
제인은 / 갖고 있다(have) / 파란색 가방을.

5 Mr. Brown _____ history.
브라운 씨는 / 가르친다(teach) / 역사를.

6 Fred _____ to school.
프레드는 / 간다(go) / 학교에.

7 Susie _____ tennis.
수지는 / 친다(play) / 테니스를.

8 The baby _____.
그 아기는 / 운다(cry).

9 He _____ movies.
그는 / 즐긴다(enjoy) / 영화를.

10 Ms. Smith _____ her baby.
스미스 씨는 / 키스한다(kiss) / 그녀의 아기에게.

Word Check

숙제
| h | | me | | o | r | k |

과일
| f | r | u | | t |

테니스
| t | | n | n | | s |

1 She _____ math.
그녀는 / 공부한다 / 수학을.

2 They _____ math.
그들은 / 공부한다 / 수학을.

3 They _____ math.
그들은 / 가르친다 / 수학을.

4 Ms. Miller _____ _____.
밀러 씨는 / 가르친다 / 수학을.

5 Ms. Miller _____ English.
밀러 씨는 / 좋아한다 / 영어를.

6 John and I _____ English.
존과 나는 / 좋아한다 / 영어를.

7 John _____ English.
존은 / 읽는다 / 영어를.

8 We _____ English.
우리는 / 읽는다 / 영어를.

9 We _____ an _____ book.
우리는 / 산다 / 영어 책을.

10 John _____ a _____ book.
존은 / 산다 / 역사 책을.

알아두면 좋아요

관사 the를 쓰지 않는 경우
과목 이름 앞에 관사 the를 쓰지 않아.

I study math. (○)
I study the math. (×)

그 외에도 운동 경기, 식사, by+교통수단
이름 앞에는 관사를 쓰지 않아.

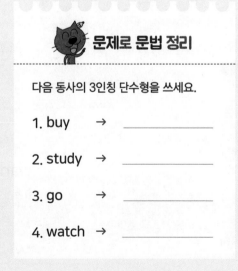

문제로 문법 정리

다음 동사의 3인칭 단수형을 쓰세요.

1. buy → _____

2. study → _____

3. go → _____

4. watch → _____

1
수지는 그녀의 손을 씻는다.

Susie _____ her hands.

2
우리는 우리의 손을 씻는다.

We wash _____ _____.

3
우리는 그 과일을 씻는다.

We _____ the fruit.

4
우리는 그 과일을 가지고 있다.

have/has의 주요 의미:
1. 가지고 있다
2. 먹다

_____ have the _____.

5
우리는 점심을 먹는다.

We _____ lunch.

6
그는 점심을 먹는다.

도전! 문장 쓰기

_____

7
그는 셔츠를 가지고 있다.

He _____ a shirt.

8
나의 오빠는 셔츠를 가지고 있다.

_____ brother has _____ _____.

9
나의 오빠는 셔츠를 원한다.

_____ _____ wants a shirt.

10
그들은 셔츠를 원한다.

도전! 문장 쓰기

_____

나의 언니는 드레스를 원한다.

⑪ My sister _____ a dress.

나의 언니는 드레스를 입어 본다.

⑫ _____ _____ tries a dress.

그녀는 드레스를 입어 본다.

⑬ _____ tries a dress.

나의 엄마는 드레스를 입어 본다.

⑭ _____

도전! 문장 쓰기

나의 엄마는 드레스를 산다.

⑮ My mother buys a _____.

나는 드레스를 산다.

⑯ _____ _____ a dress.

나는 드레스들을 무척 좋아한다.

⑰ I love _____.

그녀는 드레스들을 무척 좋아한다.

⑱ She _____ dresses.

 알아두면 좋아요

필수 단어 wash 씻다 fruit 과일 lunch 점심 want 원하다 try 노력하다, 시도하다 buy 사다 love 무척 좋아하다, 사랑하다

옷의 종류를 나타내는 단어 T-shirt 티셔츠 shirt 셔츠, 와이셔츠 blouse 블라우스 sweater 스웨터 coat 코트 jacket 재킷
jumper 점퍼, 잠바 dress 원피스, 드레스 skirt 치마 pants 바지 jeans 청바지 shorts 반바지

바빠 영문법 19 | 목적격 인칭대명사

I love her.

나는 그녀를 사랑해.

☆ 행동의 대상 '~을/를'을 나타내는 간편한 말이 있다

'수지(Susie)는 정말 예뻐. 난 수지(Susie)를 사랑해!' 이 문장에서 '~를'에 해당하는 말, 즉 '수지를'을 목적어라고 해. 그런데 앞에서 말한 '수지'를 또 말할 때는 '수지를'을 쓰기보다는 '그녀를'이라는 대명사로 받아 쓰지.

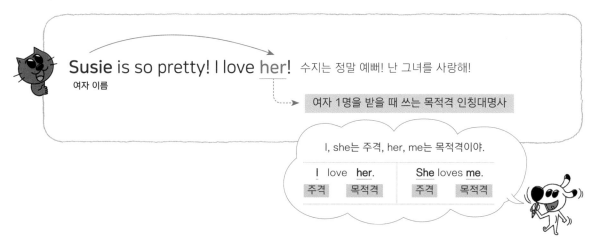

Susie is so pretty! I love her! 수지는 정말 예뻐! 난 그녀를 사랑해!
여자 이름

여자 1명을 받을 때 쓰는 목적격 인칭대명사

I, she는 주격, her, me는 목적격이야.

| I | love | her. | | She | loves | me. |
| 주격 | | 목적격 | | 주격 | | 목적격 |

☆ 목적어 자리에는 목적격 인칭대명사를 쓴다

주어 자리에 인칭대명사를 쓰는 것처럼, 목적어 자리에도 인칭대명사를 쓸 수 있어. 이 인칭 대명사는 목적어 자격을 준다고 해서 목적격이라고 해. 이것도 인칭에 따라 모양이 달라지니 입 으로 여러 번 소리내어 읽어 봐.

	1인칭(나 포함)		2인칭(상대방)		3인칭(제3자)			여러 명/여러 개
	1명(나)	2명 이상	1명	2명 이상	1명/1개			
					남성	여성	중성	
주격	I	we	you	you	he	she	it	they
목적격 (~을/를)	me	us	you	you	him	her	it	them

☆ 목적격 인칭대명사의 쓰임

우리말로 '~을/를'뿐 아니라, '~에게' 혹은 '~와/과'에 해당하는 말에도 목적격이 쓰여.

~을/를	~에게	~와/과(전치사 with와 함께)
I like her. 나는 그녀를 좋아해.	I call her. 나는 그녀에게 전화해.	I go with her. 나는 그녀와 함께 가.

Word Check

나는 / 사랑한다 / 나의 부모님을.

1

I love **my parents.**

I love _____.

나는 / 사랑한다 / 그들을.

부모님

| p | a | | | n | t | s |

그들은 / 마신다 / 그 우유를.

2

They drink **the milk.**

They drink _____.

그들은 / 마신다 / 그것을.

그녀는 / 만난다 / 브라운 씨를.

3

She meets **Mr. Brown.**

마신다

| | r | i | n | k |

She meets _____.

그녀는 / 만난다 / 그를.

그는 / 좋아한다 / 프레드와 나를.

4

He likes **Fred and me.**

He likes _____.

그는 / 좋아한다 / 우리를.

딸

| d | | | g | h | t | e | r |

나는 / 키스한다 / 나의 딸에게.

5

I kiss **my daughter.**

I kiss _____.

나는 / 키스한다 / 그녀에게.

그는 / 방문한다 / 나를.

6

He visits _____.

He visits _____.

그는 / 방문한다 / 너를.

1 I meet _____ every day.
나는 / 만난다 / 그녀를   / 매일.

2 I _____ _____ every day.
나는 / 만난다   / 그들을   / 매일.

3 I _____ _____ every day.
나는 / 만난다   / 그를   / 매일.

4 I call _____ _____ _____.
나는 / 전화한다 / 그에게   / 매일.

5 She _____ _____ every day.
그녀는 / 전화한다   / 그에게   / 매일.

6 _____
그녀는 / 전화한다 / 우리에게 / 매일.

┌ see의 여러 가지 뜻:
└ 1. 보다 2. 만나다 3. 알다

7 She sees _____ every day.
그녀는   / 만난다[본다] / 우리를   / 매일.

8 _____ sees _____ every day.
그녀는   / 만난다[본다] / 나를   / 매일.

9 He _____ _____ very much.
그는 / 사랑한다   / 나를   / 매우 많이.

10 He loves _____ very much.
그는   / 사랑한다 / 너를   / 매우 많이.

11 He _____ _____ very much.
그는 / 사랑한다   / 그들을   / 매우 많이.

12 _____
그는 / 사랑한다 / 그것을 / 매우 많이.

문제로 문법 정리

다음 주격 대명사의 목적격 대명사를
빈칸에 쓰세요.

주격 대명사		목적격 대명사
we	→	_____
she	→	_____
I	→	_____
they	→	_____
he	→	_____
you	→	_____
it	→	_____

1 그녀는 공원에서 그를 만난다[본다].

┌ at: (장소)에서

She sees _____ at the park.

2 그녀는 공원에서 우리를 만난다[본다].

She _____ us at the _____.

3 그녀는 공원에서 그들을 만난다.

_____ meets _____ at the park.

4 그들은 공원에서 우리를 만난다.

They _____ _____ at the park.

5 그들은 공원에서 그녀를 만난다.

_____ meet her _____ _____ _____.

6 그는 공원에서 그녀를 만난다.

도전! 문장 쓰기

_____

7 그는 공원에 그녀와 함께 간다.

┌ to: (장소)로, (장소)에

_____ goes with _____ to the park.

8 그는 공원에 그들과 함께 간다.

┌ with(~와 함께)는 전치사로
└ 뒤에는 목적격을 써.

He _____ with _____ to the park.

9 나는 공원에 그들과 함께 간다.

I _____ _____ _____ to the park.

10 나는 공원에 그와 함께 간다.

도전! 문장 쓰기

_____

⑪ 나는 파티에 그와 함께 간다.

I _____ _____ _____ to the party.

⑫ 그녀는 파티에 나와 함께 간다.

She _____ _____ _____ to the party.

⑬ 그녀는 파티에 나를 초대한다.

She invites _____ to the _____.

⑭ 그녀는 파티에 너를 초대한다.

She _____ you _____ _____ _____.

⑮ 그들은 파티에 너를 초대한다.

_____ invite _____ to the party.

⑯ 그들은 파티에 그를 초대한다.

_____

⑰ 그들은 파티에 우리를 초대한다.

They invite _____ to the party.

⑱ 그들은 파티에서 우리와 춤춘다.

_____ dance with _____ at the party.

알아두면 좋아요

필수 단어 see 만나다, 보다 meet 만나다 with ~와 함께 to (장소)로, (장소)에 party 파티 invite 초대하다 dance 춤추다

일반동사의 부정문

I don't eat meat.
나는 고기를 안 먹어.

⭐ '안 한다'고 할 때는 동사 바로 앞에 do not/does not을 넣는다

'나는 고기를 안 먹어.'처럼 '~ 안 해' 또는 '~하지 않아'라고 부정하여 말하고 싶을 때는 **do not**을 **동사원형 앞에** 써야 해. 그런데 He/She/It과 같은 3인칭 단수 주어일 때는 does not 이 동사원형 앞에 와.

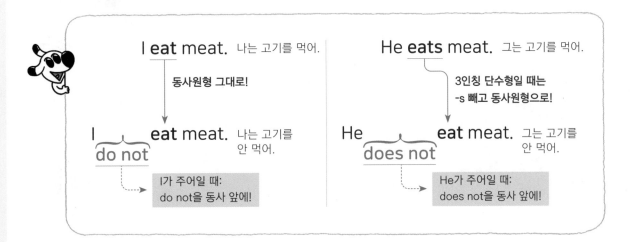

⭐ 일반동사의 부정문은 이렇게!

주어가 I / We / You / They일 때	We **do not go** to school. 우리는 학교에 가지 않는다.
주어가 He / She / It일 때	She **does not go** to school. 그녀는 학교에 가지 않는다.

부정문에서 3인칭 단수형을 does(do + -es)로 나타냈기 때문에 동사 go에는 -es를 또 붙일 필요가 없다고 생각하면 돼~. 3인칭 단수형 표시는 한 번만!

⭐ 간편한 줄임말이 있다

do not → **don't**	does not → **doesn't**

외우는 방법!
do not과 does not에서
not의 o가 '로 바뀌면서
줄어들었군!

107

나는 / 배우지 않는다　　　 / 중국어를.
1
I **do not** learn Chinese.

She _____ _____ learn Chinese.
그녀는 / 배우지 않는다　　　　　　　　　 / 중국어를.

당신은　 / 가르치지 않는다　　　　　　　　 / 영어를.
2
You _____ _____ teach English.

Mr. Brown _____ _____ teach English.
브라운 씨는　　 / 가르치지 않는다　　　　　　　　　 / 영어를.

그들은　 / 말하지 못한다　　　　　　　　　 / 프랑스어로.
3
They _____ _____ speak French.

John _____ _____ _____ French.
존은　 / 말하지 못한다　　　　　　　　　　　　 / 프랑스어로.

우리는 / 공부하지 않는다　　　　　　　 / 스페인어를.
4
We _____ _____ study Spanish.

He _____ _____ _____ Spanish.
그는　 / 공부하지 않는다　　　　　　　　　 / 스페인어를.

프레드와 존은　　　　 / 읽지 않는다　　　　　　 / 스페인어를.
5
Fred and John _____ _____ read Spanish.

Fred _____ _____ _____ Spanish.
프레드는　 / 읽지 않는다　　　　　　　　　 / 스페인어를.

제인과 수지는　　　　 / 쓰지 않는다　　　　　　　 / 프랑스어를.
6
Jane and Susie _____ _____ write French.

Jane _____ _____ _____ French.
제인은　 / 쓰지 않는다　　　　　　　　　 / 프랑스어를.

Word Check

배우다
l [ ] [ ] r n

말하다
s p e [ ] k

읽다
r [ ] a d

(글자를) 쓰다
[ ] [ ] i t e

1 She _____ _____ speak Japanese.
그녀는 / 말하지 못한다 / 일어로.

2 They _____ _____ speak _____.
그들은 / 말하지 못한다 / 일어로.

3 They _____ _____ learn Japanese.
그들은 / 배우지 않는다 / 일어를.

4 He _____ not _____ Russian.
그는 / 배우지 않는다 / 러시아어를.

5 We _____ _____ _____ Russian.
우리는 / 배우지 않는다 / 러시아어를.

6 _____ _____ _____ study Russian.
우리는 / 공부하지 않는다 / 러시아어를.

7 You _____ _____ _____ German.
너는 / 공부하지 않는다 / 독일어를.

8 Ms. Smith _____ not _____ German.
스미스 씨는 / 공부하지 않는다 / 독일어를.

9 Ms. Smith _____ _____ write German.
스미스 씨는 / 쓰지 않는다 / 독일어를.

10 I _____ _____ _____ _____.
나는 / 쓰지 않는다 / 독일어를.

문제로 문법 정리

다음 문장을 부정문으로 바꿔 쓸 때
빈칸에 알맞은 말을 쓰세요.

1. She learns English.

→ She _____ _____

_____ English.

2. They study Chinese.

→ They _____ _____

_____ Chinese.

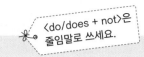

<do/does + not>은
줄임말로 쓰세요.

1 나는 6시에 일어나지 않는다.

I _____ get up at 6:00.

2 수지는 6시에 일어나지 않는다.

Susie _____ get up at 6:00.

3 존은 6시에 일어나지 않는다.

John _____ _____ _____ at 6:00.

4 그들은 7시에 일어나지 않는다.

도전! 문장 쓰기

_____

5 그들은 7시에 샤워하지 않는다.

They _____ take a shower at 7:00.

6 프레드는 7시에 샤워하지 않는다.

Fred _____ _____ a shower at 7:00.

7 그는 8시에 샤워하지 않는다.

_____ _____ take a _____ at 8:00.

8 그는 8시에 아침을 먹지 않는다.

He _____ eat breakfast at 8:00.

9 우리는 9시에 아침을 먹지 않는다.

We _____ _____ breakfast at 9:00.

10 제인과 나는 9시에 TV를 보지 않는다.

Jane and I _____ _____ TV at 9:00.

11 그녀는 9시에 TV를 보지 않는다.

_____ _____ watch TV at 9:00.

도전! 문장 쓰기

12 브라운 씨는 10시에 TV를 보지 않는다.

_____

13 브라운 씨는 10시에 낮잠을 자지 않는다.

Mr. Brown _____ take a nap at 10:00.

14 존의 여동생은 10시에 낮잠을 자지 않는다.

John's sister _____ _____ a nap at 10:00.

15 나는 11시에 낮잠을 자지 않는다.

I _____ _____ _____ _____ at 11:00.

16 나는 11시에 책을 읽지 않는다.

I _____ read a book _____ _____.

17 수지의 남동생은 11시에 책을 읽지 않는다.

_____ brother _____ _____ a book at 11:00.

도전! 문장 쓰기

18 너는 12시에 책을 읽지 않는다.

_____

알아두면 좋아요

필수 단어 learn 배우다 teach 가르치다 speak 말하다 write (글자를) 쓰다 get up (잠에서 깨어) 일어나다 take a shower 샤워하다 eat 먹다 watch 보다, 시청하다 take a nap 낮잠 자다 read 읽다

식사 명 breakfast 아침 (식사) lunch 점심 (식사) dinner 저녁 (식사)

일반동사·목적격 인칭대명사 정리

Unit 21 듣기

✪ 일반동사의 긍정문을 부정문으로 바꾸기

긍정문 ➡	부정문
I eat meat.	I do not eat meat. = I don't eat meat.
We eat meat.	We do not eat meat. = We don't eat meat.
You eat meat.	You do not eat meat. = You ¹＿＿＿＿＿ meat.
They eat meat.	They do not eat meat. = They don't eat meat.
He eats meat.	He ²＿＿＿＿＿ meat. = He doesn't eat meat.
She eats meat.	She does not eat meat. = She doesn't eat meat.
It eats meat.	It does not eat meat. = It ³＿＿＿＿＿ meat.

└ 동물이나 사물을 it으로 받아 쓸 수 있어.

✪ 인칭대명사 표 완성하기

격 \ 인칭	1인칭(나 포함)		2인칭(상대방)		3인칭(제3자)			
					1명/1개			여러 명/ 여러 개
	1명(나)	2명 이상	1명	2명 이상	남성	여성	중성	
주격	I	we	you	you	he	she	it	they
소유격	my	our	your	your	his	her	its	their
목적격	me	⁴	you	you	⁵	her	it	them
소유대명사	mine	ours	yours	⁶	his	hers	없음	theirs

정답 1 don't eat 2 does not eat 3 doesn't eat 4 us 5 him 6 yours

01 비교하면 답이 보인다!

✂ <do/does + not>은 줄임말로 쓰세요.

1

나는 / 사랑한다 / 그녀를.

I love _____.

I _____ _____ **her**.

나는 / 사랑하지 않는다   / 그녀를.

2

우리는 / 만난다 / 그들을   / 매일.

We meet _____ every day.

We _____ _____ **them** every day.

우리는 / 만나지 않는다   / 그들을   / 매일.

3

그들은   / 가르친다 / 그를   / 집에서.

They teach _____ **at home.**

They _____ _____ **him at home.**

그들은   / 가르치지 않는다   / 그를   / 집에서.

4

그는   / 이야기한다 / 우리와.

He talks with _____.

He _____ _____ **with us.**

그는   / 이야기하지 않는다   / 우리와.

5

그녀는   / 춤춘다   / 나와.

She dances with _____.

She _____ _____ **with me.**

그녀는   / 춤추지 않는다   / 나와.

6

네 개는   / 논다   / 너와.

Your dog plays with _____.

Your dog _____ _____ **with you.**

네 개는   / 놀지 않는다   / 너와.

Word Check

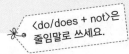

만나다
m ▢ ▢ t

춤추다
d ▢ n c e

놀다
p l a ▢

113

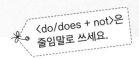

<do/does + not>은
줄임말로 쓰세요.

1 Jane _____ _____ Chinese.
제인은 중국어로 말하지 못한다.

2 I _____ speak _____.
나는 중국어로 말하지 못한다.

3 I _____ Spanish.
나는 스페인어로 말한다.

4 I write _____.
나는 스페인어를 쓴다.

5 I _____ _____ Spanish well.
나는 스페인어를 잘 쓰지 못한다.

6 _____
그는 스페인어를 잘 쓰지 못한다.

7 He _____ French well.
그는 프랑스어를 잘 쓴다.

8 _____
그녀는 프랑스어를 잘 읽는다.

9 She _____ _____ French well.
그녀는 프랑스어를 잘 읽지 못한다.

10 They _____ _____ French well.
그들은 프랑스어를 잘 읽지 못한다.

알아두면 좋아요

나라 이름과 언어를 알아보자

나라	언어
China	Chinese
France	French
Germany	German
Japan	Japanese
Russia	Russian
Spain	Spanish
The U.S.	English

03 문장이 써지면 이 영문법은 OK!

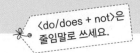

<do/does + not>은
줄임말로 쓰세요.

1 나는 너를 매우 좋아한다.

I _____ you very much.

very much:
(긍정문) 매우, 아주, 대단히
(부정문) 별로, 그다지

2 나는 너를 별로 좋아하지 않는다.

I _____ _____ you very much.

3 그녀는 너를 별로 좋아하지 않는다.

도전! 문장 쓰기

_____

4 그녀는 우리를 매우 좋아한다.

She _____ us _____ _____.

5 그녀는 우리를 매우 사랑한다.

She _____ _____ very much.

6 그녀는 우리를 별로 사랑하지 않는다.

She _____ love us very much.

7 그녀는 우리와 이야기하지 않는다.

She _____ talk with us.

8 그녀는 그와 이야기한다.

She _____ _____ him.

9 우리는 그와 이야기한다.

도전! 문장 쓰기

_____

10 우리는 그와 이야기하지 않는다.

We _____ talk with _____.

⑪ 우리는 그와 축구를 하지 않는다.

_____ _____ _____ soccer with him.

⑫ 그는 나와 축구를 하지 않는다.

He _____ play soccer _____ _____.

⑬ 그는 나와 축구를 한다.

He _____ _____ with me.

⑭ 그들은 나와 축구를 한다.

도전! 문장 쓰기

_____

⑮ 그들은 나와 수영하러 간다.

They go swimming _____ _____.

⑯ 그들은 그녀와 수영하러 가지 않는다.

They _____ _____ swimming with her.

⑰ 존은 그녀와 쇼핑하러 가지 않는다.

_____ _____ _____ shopping _____ her.

⑱ 존은 그들과 쇼핑하러 간다.

도전! 문장 쓰기

_____

알아두면 좋아요

go + (동사원형)-ing: ~하러 가다

go swimming 수영하러 가다	go skiing 스키 타러 가다	go skating 스케이트 타러 가다
go jogging 조깅하러 가다	go shopping 쇼핑하러 가다	go camping 캠핑하러 가다
go fishing 낚시하러 가다	go hiking 하이킹하러 가다	go climbing 등산하러 가다

빈도 부사

I often drink milk.

나는 우유를 자주 마셔.

☆ 어떤 행동을 얼마나 자주 하는지 말할 때 쓰는 부사가 있다

100%	always 항상
80~90%	usually 보통, 대개
60~70%	often 자주, 종종
40~50%	sometimes 때때로, 가끔
10~20%	hardly 거의 ~ 아니다
0%	never 절대 ~ 아니다

'우유 **자주** 마시니?'
'응, **자주** 마셔.'

어떤 행동을 얼마나 자주 하는지 말할 때, '빈도'가 높다, 혹은 낮다고 말해. 이럴 때는 always, usually, often, sometimes, hardly, never 등을 쓰면 되는 거야. 빈도를 나타낸다고 해서 '**빈도 부사**'라고 하지.

> 조동사는 동사를 돕는 역할을 하는 것으로 <바빠 초등 영문법 3권>에서 배울거야!

☆ 빈도 부사는 일반동사 앞이나 be동사, 조동사의 뒤에 쓴다

'난 항상(always) 일찍 일어나. 보통(usually) 아침을 먹지. 그런데 종종(often) 저녁은 굶어. 그 대신 우유를 가끔(sometimes) 마셔. 한밤중 간식은 거의 안(hardly) 먹어. 운동은 절대 안(never) 해.'

위 문장들의 공통점은 무엇일까? 바로 빈도 부사가 행동을 나타내는 동사와 의미상 아주 밀접하게 연관되어 있다는 거지~. 그래서 빈도 부사가 동사 앞뒤로 있는 거야. 다만, be동사, 조동사는 주어와 더 친해서 빈도 부사가 이 사이에 끼어들지 못해. 그래서 빈도 부사가 be동사나 조동사 뒤에 오는 거야.

I ⌣always⌣ **drink** milk. 나는 항상 우유를 마신다.

　　　　　➡ 빈도 부사는 일반동사 앞에!

I **am** ⌣sometimes⌣ **busy.** 나는 가끔 바쁘다.

　　　　　➡ be동사 뒤에 빈도 부사

1

그는 / ~이다 / 늦은
He is late.

He _____ _____ late.
그는 / ~이다 / 항상 / 늦은.

l □ t e

2

나는 / 있다 / 집에.
I am at home.

I _____ _____ at home.
나는 / 있다 / 보통 / 집에.

□ o m e

3

그녀는 / 간다 / 수영하러.
She goes swimming.

She _____ _____ swimming.
그녀는 / 자주 / 간다 / 수영하러.

c □ s i n

4

너는 / ~이다 / 틀린.
You are wrong.

You _____ _____ wrong.
너는 / ~이다 / 가끔 / 틀린.

5

내 사촌은 / 방문한다 / 나를.
My cousin visits me.

My cousin _____ _____ me.
내 사촌은 / 거의 ~ 아니다 / 방문한다 / 나를.
[내 사촌은 나를 거의 방문하지 않는다.]

v i □ i t

6

우리는 / 한다 / 이 게임을.
We play this game.

hardly와 never에는 '부정'의 의미가
있기 때문에 절대 not과 함께 쓰지 않아.

We _____ _____ this game.
우리는 / 절대 ~ 아니다 / 한다 / 이 게임을.
[우리는 절대 이 게임을 하지 않는다.]

1 I _____ _____ lazy.
나는 / ~이다   / 자주   / 게으른.

2 They _____ _____ lazy.
그들은   / ~이다   / 자주   / 게으른.

3 They _____ _____ lazy.
그들은   / ~이다   / 대개   / 게으른.

4 John _____ _____ _____.
존은   / ~이다   / 대개   / 게으른.

5 John is _____ at home.
존은   / 있다 / 보통   / 집에.

6 John _____ _____ at home.
존은   / 있다   / 항상   / 집에.

7 John _____ _____ TV at home.
존은   / 항상   / 본다   / TV를 / 집에서.

8 We _____ watch TV _____ home.
우리는 / 항상   / 본다   / TV를 / 집에서.

9 We _____ _____ _____ at home.
우리는 / 가끔   / 본다   / TV를 / 집에서.

10 We _____ _____ shopping.
우리는 / 가끔   / 간다   / 쇼핑을.

11 She _____ _____ shopping.
그녀는   / 가끔   / 간다   / 쇼핑을.

12 She _____ _____ _____.
그녀는   / 절대 ~ 아니다   / 간다   / 쇼핑을.
[그녀는 절대로 쇼핑하러 가지 않는다.]

🐱 문제로 문법 정리

다음 빈도 부사의 우리말 뜻을 쓰세요.

1. sometimes _____

2. usually _____

3. never _____

4. always _____

5. hardly _____

6. often _____

119

1 나의 사촌은 보통 정오에 점심을 먹는다.

My cousin _____ has lunch at noon.

2 나는 보통 정오에 점심을 먹는다.

I _____ have lunch at noon.

3 나는 종종 정오에 점심을 먹는다.

I _____ _____ lunch at noon.

4 나는 종종 도서관에 간다.

I _____ _____ to the library.

5 내 여동생은 종종 도서관에 간다.

My sister _____ _____ to the _____.

6 내 여동생은 거의 도서관에 가지 않는다.

My sister hardly _____ to the library.

7 내 여동생은 거의 테니스를 치지 않는다.

My sister _____ _____ tennis.

8 그들은 거의 테니스를 치지 않는다.

_____

도전! 문장 쓰기

9 그들은 거의 수업에 지각하지 않는다.

late for: ~에 늦은

They are _____ late for class.

10 그는 거의 수업에 지각하지 않는다.

He _____ _____ late for class.

11 그는 가끔 수업에 지각한다.

He _____ _____ _____ for class.

도전! 문장 쓰기

12 우리는 가끔 수업에 지각한다.

_____

13 우리는 절대 수업에 지각하지 않는다.

We are never _____ _____ _____.

14 그녀는 절대 수업에 지각하지 않는다.

She _____ _____ _____ for class.

15 그녀는 절대 야구를 하지 않는다.

She _____ plays baseball.

16 그녀는 항상 야구를 한다.

She _____ _____ baseball.

도전! 문장 쓰기

17 그녀는 항상 수학을 공부한다.

_____

18 그녀의 사촌들은 항상 수학을 공부한다.

_____

알아두면 좋아요

빈도 부사의 위치, 다시 한 번 확인하자!

be동사 뒤	일반동사 앞
I **am** always busy.	My brother usually **plays** soccer.
I **am** sometimes busy.	My brother often **plays** soccer.
I **am** never busy.	My brother hardly **plays** soccer.

바빠 영문법 23

일반동사의 의문문

Do you get up early?

너는 일찍 일어나니?

⭐ '일찍 일어나니?'라고 물어볼 때는 Do, Does를 주어 앞에

'너는 일찍 일어나는구나.'를 '너는 일찍 일어나니?'처럼 물어보려면 Do you ~?

'그녀는 일찍 일어난다.'를 '그녀는 일찍 일어나니?'처럼 물어보려면 Does she ~?

물어보고 싶은 게 있을 때는 do, does를 주어 바로 앞에 써 주면 되는 거야!

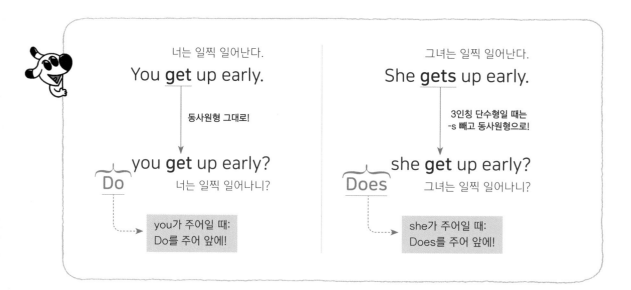

너는 일찍 일어난다.
You get up early.

동사원형 그대로!

Do you get up early?
너는 일찍 일어나니?

you가 주어일 때:
Do를 주어 앞에!

그녀는 일찍 일어난다.
She gets up early.

3인칭 단수형일 때는
-s 빼고 동사원형으로!

Does she get up early?
그녀는 일찍 일어나니?

she가 주어일 때:
Does를 주어 앞에!

⭐ 주어에 맞게 질문과 대답을!

일반동사를 써서 질문을 하고 답할 때: ① 주어가 I/we/you/they일 때는 do의 도움을 받아.
② 주어가 he/she/it일 때는 does의 도움을 받지.

✏️ 쓰면서 확인해 봐요!

일반동사의 의문문	긍정의 대답	부정의 대답
Do you exercise? 너는 운동하니?	**Yes**, I do. 응, 나는 그래.	**No**, I don't. 아니, 나는 안 그래.
¹_____ they exercise? 그들은 운동하니?	**Yes**, they do. 응, 그들은 그래.	**No**, they ²_____. 아니, 그들은 안 그래.
Does he exercise? 그는 운동하니?	**Yes**, he does. 응, 그는 그래.	**No**, he doesn't. 아니, 그는 안 그래.
³_____ she exercise? 그녀는 운동하니?	**Yes**, she ⁴_____. 응, 그녀는 그래.	**No**, she doesn't. 아니, 그녀는 안 그래.

정답 1 Do 2 don't 3 Does 4 does

나는 / 안다 / 너를.

I know you.

1

_____ I know you?

~하니   / 내가 / 알다 / 너를?

너는 / 먹는다 / 고기를.

You eat meat.

2

_____ you _____ meat?

~하니   / 너는 / 먹다   / 고기를?

그들은 / 운동한다 / 매일.

They exercise every day.

3

_____ they _____ every day?

~하니   / 그들은 / 운동하다   / 매일?

그는 / 먹는다 / 점심을 / 정오에.

He has lunch at noon.

4

_____ he _____ lunch at noon?

~하니   / 그는 / 먹다   / 점심을 / 정오에?

그녀는 / 간다 / 수영하러 / 매일.

She goes swimming every day.

5

_____ she _____ swimming every day?

~하니   / 그녀는 / 가다   / 수영하러   / 매일?

너의 개는 / 좋아한다 / 당근을.

Your dog likes carrots.

6

_____ your dog _____ carrots?

~하니   / 너의 개는 / 좋아하다   / 당근을?

Word Check

운동하다

e _ e r c _ s e

점심 (식사)

l u n _ h

정오

n _ o n

당근

_ a r r _ t

123

1 _____ your sister get up early?

~하니   / 네 언니는   / 일어나다   / 일찍?

2 _____ you _____ _____ early?

~하니   / 너는   / 일어나다   / 일찍?

3 _____

~하니 / 그들은 / 일어나다 / 일찍?

4 _____ _____ _____ to school early?

~하니   / 그들은   / 가다   / 학교에   / 일찍?

5 _____ your brother _____ to school early?

~하니   / 네 오빠는   / 가다   / 학교에   / 일찍?

6 Does your brother _____ soccer?

~하니   / 네 오빠는   / (경기를) 하다   / 축구를?

7 _____ _____ play soccer?

~하니   / 너는   / (경기를) 하다 / 축구를?

8 _____ _____ play the piano?

~하니   / 너는   / (악기를) 연주하다 / 피아노를?

9 _____ John _____ _____ _____?

~하니   / 존은   / (악기를) 연주하다 / 피아노를?

10 _____ _____ _____ the piano?

~하니   / 그들은   / (악기를) 연주하다 / 피아노를?

🐱 **문제로 문법 정리**

괄호 안의 단어 중 알맞은 것을 고르세요.

1. (Do / Does) your mother eat meat?

2. (Do / Does) they play baseball?

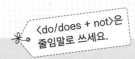

<do/does + not>은
줄임말로 쓰세요.

1

너는 피아노를 연습하니?   응, 나는 그래.

_____ _____ practice the piano? — Yes, I do.

2

너는 피아노를 자주 연습하니?   아니, 나는 안 그래.

_____ you _____ practice the piano? — No, I _____.

3

그녀는 피아노를 자주 연습하니?   아니, 그녀는 안 그래.

_____ she _____ _____ the piano? — _____, she doesn't.

4

그녀는 바이올린을 자주 연습하니?   응, 그녀는 그래.

_____ _____ _____ _____ the violin? — Yes, she _____.

5

그는 바이올린을 자주 연습하니?   응, 그는 그래.

_____ — Yes, he _____.

6

그는 바이올린을 자주 켜니?   아니, 그는 안 그래.

┌ '악기를 연주한다'라고 할 때는 악기명 앞에 항상 the를 써.

_____ he _____ play the violin? — No, he _____.

7

그들은 드럼을 자주 치니?   응, 그들은 그래.

_____ _____ _____ play the drums? — Yes, _____ do.

⑧ 네 누나는 드럼을 치니?

아니, 그녀는 안 그래.

Does your sister _____ _____ _____? — No, _____ doesn't.

⑨ 네 누나는 드럼을 매일 치니?

응, 그녀는 그래.

_____ _____ _____ _____ the drums every day? — _____, she does.

⑩ 네 누나는 테니스를 매일 치니?

play + 운동명: ~ 운동을 하다
play + the + 악기명: ~ 악기를 연주하다

응, 그녀는 그래.

_____ _____ _____ play tennis every day? — Yes, _____ _____.

⑪ 너희는 테니스를 매일 치니?

응, 우리는 그래.

_____ — Yes, we do.

⑫ 너희는 야구를 매일 하니?

아니, 우리는 안 그래.

_____ _____ _____ baseball every day? — No, _____ _____.

⑬ 네 형은 야구를 매일 하니?

응, 그는 그래.

_____ _____ _____ _____ _____ every day? — _____

⑭ 그들은 야구를 매일 하니?

응, 그들은 그래.

_____ — Yes, they _____.

01 비교하면 답이 보인다!

1

나는 / ~이다 / 바쁜.
I am busy.

I _____ _____ busy.
나는 / ~이다 / 보통 / 바쁜.

2

우리는 / ~이다 / 늦은 / 학교에.
We are late for school.

We _____ _____ late for school.
우리는 / ~이다 / 자주 / 늦은 / 학교에.

3

그녀는 / 이야기한다 / 스미스 씨와.
She **talks** with Mr. Smith.

She _____ **talks** with _____.
그녀는 / 가끔 / 이야기한다 / 그와.

4

너는 / 돌본다 / 네 개를.
You **take** care of your dog.

take care of:
~을 돌보다

You _____ **take** care of _____.
너는 / 거의 ~아니다 / 돌본다 / 그것을.

5

그는 / 만난다 / 그의 사촌들을.
He **sees** his cousins.

He _____ sees _____.
그는 / 절대 ~아니다 / 만난다 / 그들을.

6

그들은 / 사랑한다 / 존과 나를.
They love John and me.

They _____ love _____.
그들은 / 항상 / 사랑한다 / 우리를.

7

나는 / 일어난다 / 일찍.
I get up early.

I _____ _____ _____ early.
나는 / 일어나지 않는다 / 일찍.

8

프레드는 / 잠자리에 든다 / 11시에.
Fred goes to bed at 11:00.

Fred _____ _____ to bed at 11:00.
프레드는 / 잠자리에 들지 않는다 / 11시에.

9

그들은 / 자주 / 영화 보러 간다.
They often go to the movies.

_____ they _____ _____ to the movies?
~하니 / 그들은 / 자주 / 영화 보러 가다?

10

그녀의 엄마는 / 집에 계신다 / 일요일마다.
Her mother stays home on Sundays.

_____ her mother _____ home on Sundays?
~하니 / 그녀의 엄마는 / 집에 계시다 / 일요일마다?

11

나는 / 대개 / 수영하러 간다 / 방과 후에.
I usually go swimming after school.

after school: 방과 후에
at school: 수업 중, 학교에서

_____ you _____ _____ swimming after school?
~하니 / 너는 / 대개 / 수영하러 가다 / 방과 후에?

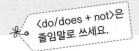

〈do/does + not〉은
줄임말로 쓰세요.

1 She likes _____.
그녀는 우리를 좋아한다.

2 She talks with _____.
그녀는 우리와 이야기한다.

3 She _____ _____ with us.
그녀는 우리와 이야기하지 않는다.

4 _____
그들은 우리와 이야기하지 않는다.

5 They _____ _____ _____ her.
그들은 그녀와 이야기하지 않는다.

6 _____
그들은 그녀와 이야기한다.

7 _____ _____ _____ with her? — Yes, they _____.
그들은 그녀와 이야기하니?   응, 그들은 그래.

8 _____ they take care of _____? — No, they _____.
그들은 그녀를 돌봐 주니?   아니, 그들은 안 그래.

9 _____ _____ _____ care of her? — Yes, _____ does.
그는 그녀를 돌봐 주니?   응, 그는 그래.

10 _____ — No, he doesn't.
그는 그것을 돌봐 주니?   아니, 그는 안 그래.

⑪ _____ _____ take care of it? — _____
너는 그것을 돌봐 주니?   아니, 나는 안 그래.

⑫ I _____ _____ care of it.
나는 그것을 돌봐 주지 않는다.

⑬ I _____ _____ care of him.
나는 그를 돌봐주지 않는다.

⑭ I _____ feed _____.
나는 그에게 먹이를 주지 않는다.

⑮ _____
그는 그것들에게 먹이를 주지 않는다.

⑯ He _____ his dogs.
그는 그의 개들에게 먹이를 준다.

⑰ _____
그는 그의 개들을 산책시킨다.

walk: 걷다
walk one's dog: 개를 산책시키다
take a walk: 산책하다

⑱ We walk _____ _____.
우리는 우리의 개들을 산책시킨다.

문제로 문법 정리

다음 <보기>와 같이 주어진 말을 목적격 인칭대명사로 바꿔 쓰세요.

보기 my father → him

1. your dogs → _____
2. his home → _____
3. their sister → _____

알아두면 좋아요

필수 단어 talk with ~와 이야기하다 take care of ~을 돌보다 feed 먹이를 주다 walk 걷다, 산책시키다

1 그녀는 보통 그와 저녁을 먹어.

She _____ _____ dinner with him.

2 그녀는 절대 그와 저녁을 먹지 않아.

She _____ has dinner _____ _____.

3 그녀는 절대 설거지를 하지 않아.

do the dishes = wash the dishes
: 설거지하다

She _____ does the dishes.

4 그녀는 종종 설거지를 해.

She often _____ the _____.

5 그녀는 종종 저녁 식사 후에 그녀의 숙제를 해.

She _____ _____ her homework after dinner.

도전! 문장 쓰기

6 그들은 항상 저녁 식사 후에 그들의 숙제를 해.

_____

7 그들은 항상 저녁 식사 후에 TV를 봐.

They _____ watch TV _____ _____.

8 그들은 가끔 저녁 식사 전에 TV를 봐.

_____ _____ _____ _____ before dinner.

9 스미스 씨는 가끔 저녁 식사 전에 TV를 봐.

Ms. Smith _____ _____ _____ _____ _____.

도전! 문장 쓰기

10 스미스 씨는 저녁 식사 전에 TV를 거의 안 봐.

_____

수와 양을 나타내는 형용사 (1)

I need a little water. 나는 물이 조금 필요해.
I need a few apples. 나는 사과가 몇 개 필요해.

Unit 25 듣기

✪ '조금의' 의미를 나타낼 때 셀 수 없는 것과 셀 수 있는 것을 구분한다

물이나 사과가 '조금' 필요하다는 식으로 양에 대해서 말할 때가 있잖아. 이때 셀 수 없는 것 앞에 쓰는 말과 셀 수 있는 것 앞에 쓰는 말이 서로 달라.

〈a little(조금의, 약간의) + 셀 수 없는 것〉

a little **water**

〈a few(몇 개의, 약간의) + 셀 수 있는 것〉

a few **apples**

✪ 셀 수 없는 명사는 항상 단수형으로

영어에서는 하나(단수)인지 여러 개(복수)인지를 정확하게 따져. 그런데 다음 명사들은 항상 단수형으로 쓰고 a(n)을 앞에 붙여 쓰지 않으니까 잘 알아 두어야 해.

물질명사 모양이 정해져 있지 않은 물질	
milk 우유 water 물 tea 차 bread 빵 rice 쌀 meat 고기 money 돈 juice 주스 ice 얼음 cheese 치즈 salt 소금 flour 밀가루	**물질명사**는 우유, 빵, 물과 같은 건데 이게 가장 헷갈려. 예를 들어, 빵 (bread)의 종류에 속하는 초코파이는 개수를 셀 수 있어. 그런데 bread는 모든 종류의 빵을 합쳐서 부르는 말이라 셀 수 없는 명사인 거야.
고유명사 사람 이름, 도시 이름, 나라 이름 등 세상에 하나밖에 없는 고유한 것	
예 John 존 Seoul 서울 Paris 파리 Germany 독일	존, 서울, 파리, 독일처럼 하나밖에 없는 **고유한** 이름의 **명사**들이 있어. 이 명사들은 여러 개가 있을 수 없으니까 당연히 단수야.
추상명사 눈으로는 볼 수 없고 생각 속에만 존재하는 것	
love 사랑 hope 희망 health 건강 luck 행운 advice 충고 freedom 자유	**추상명사**는 희망, 행운, 사랑처럼 눈에는 보이지 않아도 이름을 붙여 부르는 명사들이야.

우리는 / 가지고 있다 / 약간의 / 돈을.
money, water, ice, milk,
bread, cheese: 셀 수 없는 명사

1

We have **a little money**.

We have _____ _____ **coins**.
우리는 / 가지고 있다 / 몇 개의 / 동전들을.

2

그녀는 / 필요로 한다 / 약간의 / 물을.
She needs _____ _____ **water**.

coin, cup, glass, apple,
cookie, cake: 셀 수 있는 명사

She needs _____ _____ **cups**.
그녀는 / 필요로 한다 / 몇 개의 / 컵들을.

3

그들은 / 원한다 / 약간의 / 얼음을.
They want _____ _____ **ice**.

They want _____ _____ **glasses**.
그들은 / 원한다 / 몇 개의 / 유리잔들을.

4

있다 / 약간의 / 우유가 / 여기에.
There is _____ _____ _____ **here**.

There are _____ _____ _____ **here**.
있다 / 몇 개의 / 사과들이 / 여기에.

5

있다 / 약간의 / 빵이 / 테이블 위에.
There is _____ _____ _____ **on the table**.

There are _____ _____ _____ **on the table**.
있다 / 몇 개의 / 쿠키들이 / 테이블 위에.

6

있다 / 약간의 / 치즈가 / 접시 위에.
There is _____ _____ **cheese on the plate**.

There are _____ _____ **cakes on the plate**.
있다 / 몇 개의 / 케이크들이 / 접시 위에.

Word Check

돈
| m | o | n | | y |

물
| | a | t | e | r |

테이블
| t | a | b | | e |

치즈
| c | | e | | s | e |

133

1. There is _____ _____ _____ in the jar.
   있다 / 약간의 물이 / 병 안에.

   ┌ 셀 수 없는 명사: water 물, salt 소금, sugar 설탕, flour 밀가루
   └ 셀 수 있는 명사: egg 계란, banana 바나나, carrot 당근

2. There _____ a little _____ in the _____.
   있다 / 약간의 소금이 / 병 안에.

3. There _____ _____ _____ eggs in the jar.
   있다 / 몇 개의 계란들이 / 병 안에.

4. There are _____ _____ _____ on the plate.
   있다 / 몇 개의 계란들이 / 접시 위에.

5. _____ _____ _____ _____ bananas on the plate.
   있다 / 몇 개의 바나나들이 / 접시 위에.

6. There _____ a _____ sugar on the _____.
   있다 / 약간의 설탕이 / 접시 위에.

7. There is _____ _____ _____ here.
   있다 / 약간의 설탕이 / 여기에.

8. There is _____ _____ flour here.
   있다 / 약간의 밀가루가 / 여기에.

9. There _____ a _____ carrots _____.
   있다 / 몇 개의 당근들이 / 여기에.

10. There are _____ _____ _____ in the bowl.
    있다 / 몇 개의 당근들이 / 그릇 안에.

문제로 문법 정리

다음 <보기>의 단어들을 해당하는 칸에
쓰세요.

보기	tea	apples	glasses
	rice	boxes	juice
	cups	cheese	

a few ▶ _____ _____
       _____ _____

a little ▶ _____ _____
         _____ _____

① 존은 몇 명의 사촌들이 있다.

John has _____ _____ cousins.

② 존은 몇 명의 삼촌들이 있다.

John _____ _____ _____ uncles.

③ 우리는 몇 명의 삼촌들이 있다.

도전! 문장 쓰기

_____

④ 우리는 몇 명의 이모들이 있다.

We have _____ _____ aunts.

⑤ 수지는 몇 명의 이모들이 있다.

Susie _____ _____ _____ _____.

⑥ 수지는 돈이 조금 있다.

Susie has _____ _____ money.

⑦ 수지는 약간의 돈을 원한다.

Susie _____ a little _____.

⑧ 수지는 얼음을 조금 원한다.

Susie _____ _____ _____ ice.

⑨ 나는 얼음을 조금 원한다.

도전! 문장 쓰기

_____

⑩ 나는 주스를 조금 원한다.

I want _____ _____ juice.

11 나는 주스가 조금 필요하다.

도전! 문장 쓰기

_____

12 나는 몇 개의 컵들이 필요하다.

I need _____ _____ cups.

13 그는 몇 개의 컵들이 필요하다.

_____ _____ a few _____.

14 그는 몇 개의 컵들을 닦는다.

He washes _____ _____ _____.

15 그는 몇 개의 접시들을 닦는다.

He _____ _____ _____ dishes.

16 그들은 몇 개의 접시들을 닦는다.

도전! 문장 쓰기

_____

17 그들은 몇 개의 접시들을 산다.

They buy _____ _____ _____.

18 그들은 빵을 조금 산다.

They buy _____ _____ bread.

알아두면 좋아요

가족을 나타내는 단어 father 아버지 mother 어머니 parents 부모님 cousin 사촌 uncle 삼촌, 외삼촌, 이모부, 고모부
aunt 이모, 고모, 숙모 son 아들 daughter 딸 brother 형, 오빠, 남동생 sister 언니, 누나, 여동생 grandfather 할아버지
grandmother 할머니 grandparents 조부모님

동사 단어 want 원하다 need 필요하다 wash 씻다 buy 사다

바빠 영문법 26

I have **little** water. 나는 물이 거의 없어.
I have **few** apples. 나는 사과가 거의 없어.

☆ '거의 없는'의 부정적 의미를 나타내는 little, few

a little, a few는 '약간의'라는 의미를 나타내는데, 여기서 a가 빠지고 little, few만 쓰면
의미가 좀 달라져. 아주 조금 있긴 한데 '거의[별로] 없는'이라는 부정적인 의미를 나타내.

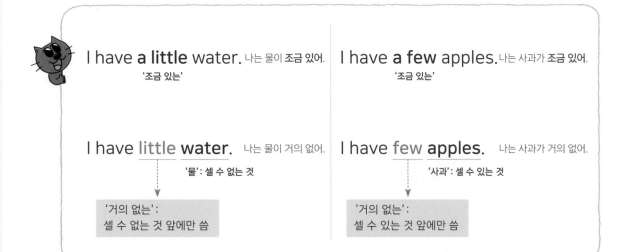

I have **a little** water. 나는 물이 조금 있어.
'조금 있는'

I have **a few** apples. 나는 사과가 조금 있어.
'조금 있는'

I have little **water**. 나는 물이 거의 없어.
'물': 셀 수 없는 것

'거의 없는':
셀 수 없는 것 앞에만 씀

I have few **apples**. 나는 사과가 거의 없어.
'사과': 셀 수 있는 것

'거의 없는':
셀 수 있는 것 앞에만 씀

☆ some과 any는 셀 수 없는 것과 셀 수 있는 것에 모두 쓸 수 있다

some과 any도 '약간의', '조금의', '몇 개의'라는 의미를 나타내. some과 any 다음에는 셀
수 없는 것과 셀 수 있는 것이 모두 올 수 있어. some은 주로 긍정문에, any는 주로 부정문과
의문문에 쓰여.

		셀 수 없는 명사 앞에	셀 수 있는 명사 앞에
some	긍정문	I need some flour. 나는 밀가루가 조금 필요해.	I need some oranges. 나는 오렌지가 몇 개 필요해.
any	부정문	I don't need any flour. 나는 밀가루가 필요하지 않아.	I don't need any oranges. 나는 오렌지가 (전혀) 필요하지 않아.
	의문문	Do you need any flour? 너는 밀가루가 필요하니?	Do you need any oranges? 너는 오렌지가 필요하니?

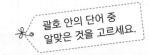

괄호 안의 단어 중
알맞은 것을 고르세요.

1

우리는 / 가지고 있다 / 거의 없는 / 돈을. (= 돈이 거의 없다.)
We have (little / a little) money.

We have (few / a few) coins.
우리는 / 가지고 있다 / 거의 없는 / 동전을. (= 동전이 거의 없다.)

2

우리는 / 원한다 / 약간의 / 주스를.
We want (a little / a few) juice.

We want (any / some) juice.
우리는 / 원한다 / 약간의 / 주스를.

3

그녀는 / 필요하다 / 약간의 / 소금이.
She needs (a few / some) salt.

She needs (a little / some) potatoes.
그녀는 / 필요하다 / 몇 개의 / 감자들이.

4

그들은 / 필요하지 않다 / 조금도 / 설탕이.
They don't need (any / few) sugar.

They don't need (any / a little) tomatoes.
그들은 / 필요하지 않다 / 조금도 / 토마토들이.
(= 토마토들이 전혀 필요하지 않다.)

5

있니 / 약간의 / 우유가 / 냉장고 안에?
Is there (few / any) milk in the fridge?

Are there (little / any) pears in the fridge?
있니 / 약간의 / 배들이 / 냉장고 안에?

6

~하니 / 너는 / 원하다 / 약간의 / 치즈를?
Do you want (any / a few) cheese?

Do you want (any / a little) carrots?
~하니 / 너는 / 원하다 / 약간의 / 당근들을?

Word Check

동전
c □ i n

소금
s □ l t

설탕
su □ . a r

토마토
t o □ a □ o

138

1 There _____ _____ milk in the fridge.
있다 / 거의 없는 / 우유가 / 냉장고 안에.

2 There is _____ _____ in the fridge.
있다 / 거의 없는 / 주스가 / 냉장고 안에.

3 There are _____ eggs in the fridge.
있다 / 거의 없는 / 계란들이 / 냉장고 안에.

4 There _____ _____ _____ in the basket.
있다 / 거의 없는 / 계란들이 / 바구니 안에.

5 There are _____ _____ in the basket.
있다 / 몇 개의 / 계란들이 / 바구니 안에.

6 _____ aren't _____ eggs _____ the basket.
없다 / 조금도 / 계란들이 / 바구니 안에.

7 There _____ any eggs on the plate.
없다 / 조금도 / 계란들이 / 접시 위에.

8 There isn't _____ bread _____ _____ _____.
없다 / 조금도 / 빵이 / 접시 위에.

9 _____ _____ _____ cheese on the plate.
없다 / 조금도 / 치즈가 / 접시 위에.

10 There _____ _____ _____ on the plate.
있다 / 약간의 / 치즈가 / 접시 위에.

🐱 **문제로 문법 정리**

다음 빈칸에 알맞은 말을 <보기>에서 골라 쓰세요.

| 보기 | any | few | some |

1. 그녀는 동전이 거의 없다.

She has _____ coins.

2. 그녀는 동전을 몇 개 가지고 있다.

She has _____ coins.

3. 그녀는 동전을 좀 가지고 있니?

Does she have _____ coins?

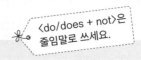

<do/does + not>은
줄임말로 쓰세요.

1 나는 시간이 거의 없어.

I have _____ time.

2 그녀는 시간이 거의 없어.

She has _____ _____.

3 그녀는 돈이 거의 없어.

She _____ _____ money.

4 그녀는 돈이 약간 있어.

She has some _____.

5 그녀는 돈이 전혀 없어.

She _____ have _____ money.

not 대신 no를 써서 She has no momey.와 같이 표현할 수도 있어.

6 그녀는 돈이 전혀 필요 없어.

She doesn't need _____ _____.

7 너는 돈이 전혀 필요 없구나.

_____

도전! 문장 쓰기

8 너는 돈이 좀 필요하니?

_____ you need any money?

9 너는 도움이 좀 필요하니?

Do you _____ _____ help?

10 그는 도움이 좀 필요하니?

_____

도전! 문장 쓰기

11 그는 동전이 좀 필요하니?

Does he need _____ coins?

12 그는 동전이 약간 필요해.

He needs some _____ .

13 그는 동전 몇 개를 원해.

He wants _____ coins.

14 그는 동전을 거의 원하지 않아.

도전! 문장 쓰기

_____

15 그는 동전을 조금도 원하지 않아.

He _____ want any coins.

16 그들은 동전을 조금도 원하지 않아.

They don't _____ _____ _____ .

17 그들은 도움을 조금도 원하지 않아.

They _____ want _____ help.

18 그들은 약간의 도움을 원해.

도전! 문장 쓰기

_____

알아두면 좋아요

no를 써서 부정의 의미를 나타낼 수 있다

부정문을 만들 때 not 대신에 no를 쓸 수 있어. no는 '어떤 ~도 없는', '조금의 ~도 없는' 이라는 의미가 있어서 명사 바로 앞에 쓰고 not도 필요 없어. 아래 예문에서 보듯이 not ~ any 대신 no만 명사 앞에 넣어서 간단하게 부정문을 만들 수 있는 거지.

| I do not have any money. | = I have no money. 나는 돈이 (조금도) 없다. |
| There is not any milk. | = There is no milk. 우유가 (조금도) 없다. |

수와 양을 나타내는 형용사(3)

I don't have **much** time.
나는 시간이 많이 없어.
I don't have **many** coins.
나는 동전이 많이 없어.

Unit 27 듣기

☆ '많은'의 의미를 나타낼 때 셀 수 있는 것과 셀 수 없는 것을 구분해서 쓴다

시간이 '많이' 없다거나 동전이 '많이' 없다는 식으로 말할 때도, 셀 수 있는 것 앞에 쓰는 말과 셀 수 없는 것 앞에 쓰는 말이 서로 달라.

> much는 긍정문보다는 부정문이나 의문문에 주로 써.

I don't have <u>much</u> time. 나는 시간이 많이 없어.
'시간' : 셀 수 없는 것
'많은' : 셀 수 없는 것 앞에만 씀

I don't have <u>many</u> coins. 나는 동전이 많이 없어.
'동전들' : 셀 수 있는 것
'많은' : 셀 수 있는 것 앞에만 씀

☆ a lot of는 셀 수 있는 것과 셀 수 없는 것 앞에 모두 쓸 수 있다

'많은'이라는 의미를 나타내는 또 다른 중요한 표현 a lot of는 셀 수 없는 명사와 셀 수 있는 명사 앞에 모두 다 쓸 수 있지.

I have <u>a lot of</u> time. 나는 시간이 많아.
= much
'많은' : 셀 수 없는 것, 셀 수 있는 것 구분 없이 씀

I have <u>a lot of</u> coins. 나는 동전이 많아.
= many
'많은' : 셀 수 없는 것, 셀 수 있는 것 구분 없이 씀

1

우리는 / 가지고 있다 / 많은 돈을.
We have **a lot of** money.

We have **a lot of** coins.

= We have _____ coins.

우리는 / 가지고 있다 / 많은 동전들을.

2

그는 / 필요하지 않다 / 많은 도움이.
He doesn't need _____ help.

= He doesn't need **a lot of** help.

He doesn't need **many** tips.

= He doesn't need _____ _____ _____ tips.

그는 / 필요하지 않다 / 많은 정보들이.

3

~하니 / 너는 / 필요하다 / 많은 시간이?
Do you need **much** time?

= Do you need _____ _____ _____ time?

Do you need **many** coins?

= Do you need _____ _____ _____ coins?

~하니 / 너는 / 필요하다 / 많은 동전들이?

4

~하니 / 그녀는 / 가지다 / 많은 재미를? [그녀는 재미있게 보내니?]
Does she have **a lot of** fun?

= Does she have _____ fun?

Does she have **a lot of** friends?

= Does she have _____ friends?

~하니 / 그녀는 / 갖고 있다 / 많은 친구들을? [그녀는 친구들이 많니?]

143

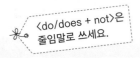

<do/does + not>은
줄임말로 쓰세요.

❶ He _____ _____ _____ _____ languages.
  그는 / 말한다   / 많은 언어로.

❷ He doesn't speak _____ _____ _____ _____.
  그는 / 말하지 못한다   / 많은 언어로.

❸ He doesn't speak _____ languages.
  그는 / 말하지 못한다   / 많은 언어로.

❹ She _____ _____ _____ languages.
  그녀는 / 말하지 않는다   / 많은 언어로.

❺ She _____ know _____ languages.
  그녀는 / 모른다   / 많은 언어를.

❻ I _____ _____ many _____.
  나는 / 모른다   / 많은 언어를.

❼ I don't know ____ _____ ____ _____.
  나는 / 모른다   / 많은 언어를.

❽ They _____ know ___ _____ of languages.
  그들은 / 모른다   / 많은 언어를.

❾ They don't know a _____ of people.
  그들은 / 모른다   / 많은 사람들을.

❿ He _____ ____ lot _____ _____.
  그는 / 알고 있다   / 많은 사람들을.

🐱 문제로 문법 정리

다음 <보기>의 단어들을 해당하는 칸에 쓰세요.

보기	time	friends	help
	milk	tips	salt
	coins	bananas	

much ▶ _____ _____
       _____ _____

many ▶ _____ _____
       _____ _____

144

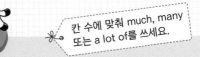

칸 수에 맞춰 much, many 또는 a lot of를 쓰세요.

1 연못에 물이 많지 않다.

There isn't _____ _____ of water in the pond.

2 연못에 물이 많지 않다.

There _____ _____ water in the pond.

3 호수에 물이 많지 않다.

_____ _____ _____ _____ in the lake.

4 호수에 보트들이 많지 않다.

There _____ _____ boats on the lake.

5 호수에 보트들이 많지 않다.

명사 앞에 '많은'이라는 의미로 쓸 때는 꼭 a lot of의
3개의 단어를 모두 써 주어야 한다는 거 기억해 두자!

There aren't _____ _____ _____ on the lake.

6 호수에 보트들이 많이 있다.

도전! 문장 쓰기

_____

7 호수에 물고기들이 많이 있다.

There are _____ _____ _____ fish in the lake.

8 호수에 물고기들이 많이 있니?

_____ _____ _____ _____ _____ _____ in the lake?

9 호수에 물고기들이 많이 있니?

Are there _____ fish in the lake?

10 호수에 보트들이 많이 있니?

물고기는 '호수 안에' 있으니까 in the lake,
보트는 '호수 위에' 떠 있으니까 on the lake

Are there _____ _____ on the lake?

호수에 사람들이 많이 있니?

11 Are there _____ people _____ _____ _____?

기차에 사람들이 많이 있니?

12 _____ _____ _____ _____ on the train?

기차에 남자들이 많이 있니?

도전! 문장 쓰기

13 _____

기차에 남자들이 많이 있다.

14 There are a _____ _____ men _____ the train.

기차에 여자들이 많이 있다.

15 _____ _____ a lot of _____ on the train.

방 안에 여자들이 많이 있다.

16 There are _____ _____ _____ women _____ the room.

병 안에 설탕이 많이 있다.

17 There _____ a _____ of sugar in the jar.

병 안에 설탕이 많지 않다.

도전! 문장 쓰기

18 _____

표로 정리하는 초등 영문법 ❶

인칭대명사

구분	1인칭(나 포함)		2인칭(상대방)		3인칭(제3자)			
	1명(나)	2명 이상	1명(나)	2명 이상	남성	여성	중성	여러 명/여러 개
주격	I	we	you	you	he	she	it	they
소유격	my	our	your	your	his	her	its	their
목적격	me	us	you	you	him	her	it	them
소유대명사	mine	ours	yours	yours	his	hers	없음	theirs

be동사의 현재 시제

긍정문	부정문	의문문
I **am** a singer.	I **am not** a singer.	**Am** I a singer?
We **are** singers.	We **are not** singers.	**Are we** singers?
You **are** a singer.	You **are not** a singer.	**Are you** a singer?
He **is** a singer.	He **is not** a singer.	**Is he** a singer?
She **is** a singer.	She **is not** a singer.	**Is she** a singer?
They **are** singers.	They **are not** singers.	**Are they** singers?
It **is** a piano.	It **is not** a piano.	**Is it** a piano?

위치 전치사

The ball is **in** the box.	The ball is **on** the box.	The ball is **beside** the box.
The ball is **under** the box.	The ball is **in front of** the box.	The ball is **behind** the box.

There is/are ~

긍정문	부정문	의문문
There is a ball in the box.	There isn't a ball in the box.	Is there a ball in the box?
There are balls in the box.	There aren't balls in the box.	Are there balls in the box?

this / that

긍정문	부정문	의문문
This is an apple.	This isn't an apple.	Is this an apple?
These are apples.	These aren't apples.	Are these apples?
That is a peach.	That isn't a peach.	Is that a peach?
Those are peaches.	Those aren't peaches.	Are those peaches?
This cap is yours.	This cap isn't yours.	Is this cap yours?
These caps are theirs.	These caps aren't theirs.	Are these caps theirs?
That cap is hers.	That cap isn't hers.	Is that cap hers?
Those caps are his.	Those caps aren't his.	Are those caps his?

일반동사의 현재 시제

긍정문	부정문	의문문
I love her.	I don't love her.	Do I love her?
He loves her.	He doesn't love her.	Does he love her?
She washes the dishes.	She doesn't wash the dishes.	Does she wash the dishes?
She studies math.	She doesn't study math.	Does she study math?

빈도 부사(always, usually, often, sometimes, hardly, never)

be동사 뒤	일반동사 앞	조동사 뒤
I am often busy.	I usually have dinner at 7:00.	I will never meet him again.
They are often busy.	They usually have dinner at 7:00.	They will never meet him again.
She is often busy.	She usually has dinner at 7:00.	She will never meet him again.

바빠
독해
시리즈

읽는 재미를 높인 초등 문해력 향상 프로그램!

바쁜 초등학생을 위한
빠른 독해

신뢰성과 신뢰성 호사라 박사 지음

재미있고
궁금해서
자꾸 읽고 싶어요!

6단계
초등 5·6학년

★ 읽는 재미
5, 6학년 어린이들이 직접
고른 흥미로운 이야기

★ 초등 교과 연계
읽다 보면 나도 모르게
국어, 사회, 과학 지식이 쑥쑥

★ 문해력 향상
어휘력, 이해력, 추론 능력,
사고력, 맞춤법까지 OK

이지스에듀

분당 영재사랑 교육 연구소, 호사라 박사 지음 / 각 권 9,800원

읽는 재미를 높인
초등 문해력 향상
프로그램

비문학 지문도
재미있게 읽을 수
있어요!

고사성어
06 반딧불, 눈과 함께한 노력

형설지공 반딧불이 형(螢), 눈 설(雪), 의지(之), 공 공(功)

소리 내어 읽기

📢 다음 글을 소리 내어 읽어 보세요.

진나라에서 있었던 이야기예요. 차윤이라는 사람이 과거를 준비하고 있었어요. 과거를 치르기 위해서는 공부해야 할 과목도 많고, 분량도 아주 많았어요. 몇 년을 준비해야 할 만큼 힘든 공부였어요. 하지만 차윤의 집안은 공부에만 전념할 형편이 못 되었어요. 그래서 그는 낮에는 부모님 일을 도와드리고, 밤늦은 시간에 혼자 깨어 공부를 했죠.

어느 날 늦은 시간까지 공부를 하고 있었는데, 갑자기 등불이 꺼지고 말았어요. 등잔 기름이 다 떨어진 거예요.

"이를 어쩌나 시험이 얼마 남지 않았는데."

그러나 차윤은 부모님께 차마 등잔 기름 살 돈을 달라고 말할 수가 없었어요. 당장 먹고 쓰는 데 필요한 돈도 부족한 형편이었거든요. 어쩔 수 없이 밤공부를 포기한 채 며칠이 지났어요. 어느 날, 해 질 녘 밭일을 마치고 집으로 돌아가던 그의 눈에 반딧불이가 들어왔어요. 갑자기 그는 주먹을 불끈 쥐었어요.

"그래, 바로 그거야!"

그는 공부니에 빛을 내며 날아다니는 반딧불이 수백 마리를 잡았어요. 그리고 얇은 천으로 된 자루에 넣었지요. 그 자루에 책을 가까이 대자 다행히 글씨를 읽을 만큼이 되었어요.

이렇게 반딧불이를 등불 삼아 여름 내내 공부한 차윤은 결국 과거에 합격했고, 훗날 높은 벼슬까지 올랐다고 해요.

손강 역시 형편이 넉넉하지 못해 등잔불을 마음껏 쓸 수 없었어요.

어느 겨울밤 잠자리에 누웠는데, 좋은 환경에서 밤낮없이 꾸준히 공부하는 친구들 생각에 가슴이

반딧불이를 모아서 책을 보자.

답답하고 속상했지요.

마음을 달래려고 마당에 나온 그는 깜짝 놀랐어요. 소복이 쌓인 눈이 온 세상을 덮으며 달빛이 반사된 까닭에 평상시보다 주변이 환했기 때문이에요.

"이 정도 밝기라면 책도 읽을 수 있지 않을까?"

그는 방으로 가서 옷을 단단히 입고 책을 가져와 눈밭 위를 걸어갔어요. 그리고 책을 펼치자 눈에 반사된 달빛으로 글을 읽을 수 있었어요. 밤에도 공부할 수 있다는 기쁨에 _____

그렇게 추위를 이기며 공부한 손강은 훗날 과거에 급제하여 높은 벼슬에 올랐답니다.

눈에 반사된 달빛으로
책을 보자.

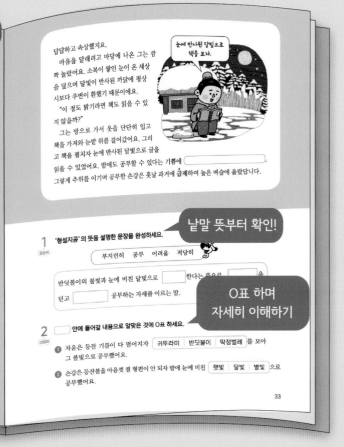

낱말 뜻부터 확인!

1 '형설지공'의 뜻을 설명한 문장을 완성하세요.

부지런히   공부   어려움   적당히

반딧불이의 불빛과 눈에 비친 달빛으로 _____ 한다는 뜻으로, _____ 을
딛고 _____ 공부하는 자세를 이르는 말.

O표 하며
자세히 이해하기

2 _____ 안에 들어갈 내용으로 알맞은 것에 O표 하세요.

① 차윤은 등잔 기름이 다 떨어지자 귀뚜라미 반딧불이 딱정벌레 를 모아
그 불빛으로 공부했어요.

② 손강은 등잔불을 마음껏 � 형편이 안 되자 밤에 눈에 비친 햇빛 달빛 별빛 으로
공부했어요.

어휘
• 과거: 우리나라와 중국에서 관리를 뽑을 때 치르던 시험.
• 전념: 한 가지 일에만 마음을 씀.
• 급제: 시험이나 검사 따위에 합격함, 과거에 합격함.

32   33

호 박사

영재사랑 연구소에서 16년간 지도한 내용 중 누구나 쉽게 성취감을 맛볼 수 있는 활동을 선별했어요!

바빠 시리즈 초등 학년별 추천 도서

학년	학기별 연산책 바빠 교과서 연산 학기 중, 선행용으로 추천!	나 혼자 푼다 바빠 수학 문장제 학교 시험 서술형 완벽 대비!
1학년	·바빠 교과서 연산 1-1 ·바빠 교과서 연산 1-2	·나 혼자 푼다 바빠 수학 문장제 1-1 ·나 혼자 푼다 바빠 수학 문장제 1-2
2학년	·바빠 교과서 연산 2-1 ·바빠 교과서 연산 2-2	·나 혼자 푼다 바빠 수학 문장제 2-1 ·나 혼자 푼다 바빠 수학 문장제 2-2
3학년	·바빠 교과서 연산 3-1 ·바빠 교과서 연산 3-2	·나 혼자 푼다 바빠 수학 문장제 3-1 ·나 혼자 푼다 바빠 수학 문장제 3-2
4학년	·바빠 교과서 연산 4-1 ·바빠 교과서 연산 4-2	·나 혼자 푼다 바빠 수학 문장제 4-1 ·나 혼자 푼다 바빠 수학 문장제 4-2
5학년	·바빠 교과서 연산 5-1 ·바빠 교과서 연산 5-2	·나 혼자 푼다 바빠 수학 문장제 5-1 ·나 혼자 푼다 바빠 수학 문장제 5-2
6학년	·바빠 교과서 연산 6-1 ·바빠 교과서 연산 6-2	·나 혼자 푼다 바빠 수학 문장제 6-1 ·나 혼자 푼다 바빠 수학 문장제 6-2

'바빠 교과서 연산'과 '바빠 수학 문장제'를 함께 풀면 한 학기 수학 완성!

연필 잡고 쓰다 보면 기초 영문법이 끝난다

5·6학년용

정답

바쁜

바쁜 친구들이 즐거워지는
빠른 학습법

초등영문법 1

이지스에듀

01 | I am a singer.

01 비교하면 답이 보인다!

나는 /~이다 /가수.
I am a singer.

① 그는 /~이다 / 가수.
He is a singer.

② 너는 /~이다/댄서.
You are a dancer.

③ 그녀는 /~이다 / 여배우.
She is an actress.

④ 그들은 /~이다 / 여배우들.
They are actresses.

⑤ 그것은 /있다 / 극장에.
They are at the theater.

⑥ 그는 /있다 / 공원에.
He is at the park.

우리는 /있다 / 공원에.
We are at the park.

나는 /있다 / 박물관에.
You are at the museum.

나는 /있다 / 박물관에.
I am at the museum.

Word Check

s i n g e r 가수
d a n c e r 댄서
t h e a t e r 극장
m u s e u m 박물관

13

---

02 쓰다 보면 문법이 보인다!

① She __is__ an artist.
그녀는 /~이다 / 예술가.

② We __are__ artists.
우리는 /~이다 / 예술가들.

③ I __am__ an artist.
나는 /~이다 / 예술가.

④ I __am__ a musician.
나는 /~이다 / 음악가.
└ 1명일 때는 a musician, 2명 이상일 때는 musicians

⑤ They __are__ musicians.
그들은 /~이다 / 음악가들.

⑥ They __are__ at the hotel.
그들은 /있다 / 호텔에.

⑦ It __is__ at the __hotel__
그것은 /있다 / 호텔에.

⑧ It __is__ at the __restaurant__
그것은 /있다 / 레스토랑에.

⑨ You __are__ at the restaurant.
너는 /있다 / 레스토랑에.

⑩ He __is__ at the restaurant.
그는 /있다 / 레스토랑에.

14

알아두면 좋아요
주어 인칭대명사와 be동사는 줄여 쓸 수 있어!

I am → I'm

We are → We're
You are → You're
They are → They're

He is → He's
She is → She's
It is → It's

문제로 문법 정리
괄호 안의 단어 중 알맞은 것을 고르세요.
1. You (am / **are**) a student.
2. He (**is** / are) at home.
3. We (is / **are**) students.

1

03 문장이 써지면 이 응용법은 OK!

*〈주어 + be동사〉는 줄임말로 쓰세요.

1 우리는 댄서들이야.
We're dancers.

(We are는 We're로 줄여 쓸 수 있어.)

2 그들은 댄서들이야.
They're _____ dancers.

3 그들은 공원에 있어.
They're _____ at the park.

4 그는 공원에 있어.
He's _____ at the park.

5 나는 공원에 있어.
I'm at the park.

6 나는 배우야.
I'm _____ an actress.

7 그녀는 배우야.
She's _____ an actress.

8 그녀는 극장에 있어.
She's _____ at the theater.

9 너는 극장에 있구나.
You're _____ at the theater.

10 너는 가수구나.
You're _____ a singer.

도전! 문장 쓰기

15

도전! 문장 쓰기

11 우리는 가수들이야.
We're singers.

12 우리는 박물관에 있어.
We're _____ at the museum.

13 그들은 박물관에 있어.
They're _____ at the museum.

14 그들은 배우들이야.
They're _____ actors.

15 그는 배우야.
He's _____ an actor.

(1명일 때는 an actor, 2명 이상일 때는 actors)

16 그는 레스토랑에 있어.
He's _____ at the restaurant.

17 그들은 레스토랑에 있어.
They're _____ at the restaurant.

18 그들은 예술가들이야.
They're _____ artists.

단어가 궁금해

직업을 나타내는 단어: actor (남자) 배우 actress 여배우 dancer 댄서, 무용수 singer 가수 artist 예술가 musician 음악가

장소를 나타내는 단어: theater 극장 museum 박물관 restaurant 레스토랑 park 공원 hotel 호텔

16

01 비교하면 답이 보인다!

1
우리는 / 아니다 / 피아니스트들이.
They are not pianists.
그들은 / 아니다 / 피아니스트들이.
We are not pianists.

2
너희들은 / 아니다 / 바이올리니스트들이.
You are not violinists.
[you 는 단수(너는), 복수(너희들)일 때도 똑같이 you]
He is not a violinist.
그는 / 아니다 / 바이올리니스트가.

3
그녀는 / 아니다 / 의사가.
I am not a doctor.
나는 / 아니다 / 의사가.
She is not a doctor.

4
그들은 / 없다 / 병원에.
They are not at the hospital.
It is not at the hospital.
그것은 / 없다 / 병원에.

5
그는 / 없다 / 은행에.
He is not at the bank.
[구체적인 장소 앞에 오는 at(~에)]
We are not at the bank.
우리는 / 없다 / 은행에.

6
나는 / 없다 / 우체국에.
I am not at the post office.
She is not at the post office.
그녀는 / 없다 / 우체국에.

Word Check

| p | i | a | n | i | s | t |
피아니스트

| d | o | c | t | o | r |
의사

| h | o | s | p | i | t | a | l |
병원

| p | o | s | t |
| o | f | f | i | c | e |
우체국

02 쓰다 보면 문법이 보인다!

1 He is not a firefighter.
그는 / 아니다 / 소방관이.

2 They are not firefighters.
그들은 / 아니다 / 소방관들이.

3 I am not a firefighter.
나는 / 아니다 / 소방관이.

4 I am not a police officer.
나는 / 아니다 / 경찰관이.

5 She is not a police officer.
그녀는 / 아니다 / 경찰관이.

6 You are not police officers.
너희들은 / 아니다 / 경찰관들이.

7 You are not at the police station.
너희들은 / 없다 / 경찰서에.

8 He is not at the police station.
그는 / 없다 / 경찰서에.

9 He is not at the fire station.
그는 / 없다 / 소방서에.

10 We are not at the fire station.
우리는 / 없다 / 소방서에.

문제로 문법 정리
직업과 가장 알맞은 장소를 선으로 연결하세요.

doctor — fire station
police officer — police station
firefighter — hospital

03 문장이 써지면 이 영문법은 OK!

5번부터 〈be동사 + not〉은 줄임말로 쓰세요.

① 그들은 의사들이 아니야.
They are not doctors.

② 나는 의사가 아니야.
I am not a doctor.

am not은 줄여 쓸 수 없어.

③ 나는 병원에 있지 않아.
I am not at the hospital.

④ 그녀는 병원에 없어.
She is not at the hospital.

⑤ 그녀는 간호사가 아니야.
She isn't a nurse.

⑥ 당신들은 간호사들이 아니군요.
You aren't nurses.

⑦ 그는 간호사가 아니야.
He isn't a nurse.

도전! 문장 쓰기

⑧ 그는 바이올리니스트가 아니야.
He isn't a violinist.

⑨ 나는 바이올리니스트가 아니야.
I am not a violinist.

도전! 문장 쓰기

⑩ 우리는 바이올리니스트들이 아니야.
We aren't violinists.

⑪ 우리는 피아니스트들이 아니야.
We aren't pianists.

⑫ 나는 피아니스트가 아니야.
I am not a pianist.

⑬ 그는 피아니스트가 아니야.
He isn't a pianist.

도전! 문장 쓰기

⑭ 그는 은행에 없어.
He isn't at the bank.

⑮ 우리는 은행에 없어.
We aren't at the bank.

⑯ 그것은 은행에 없어.
It isn't at the bank.

⑰ 그것은 우체국에 없어.
It isn't at the post office.

⑱ 그들은 우체국에 없어.
They aren't at the post office.

알아두면 좋아요

직업을 나타내는 단어 doctor 의사 nurse 간호사 violinist 바이올리니스트 pianist 피아니스트 firefighter 소방관 police officer 경찰관

장소를 나타내는 단어 hospital 병원 bank 은행 post office 우체국 police station 경찰서 fire station 소방서

03 | be동사 활용 정리

01 비교하면 답이 보인다!

✻ <주어 + be동사>는 줄임말로 쓰세요.

1
나는 /~이다 / 선생님.
I'm ___ not ___ a teacher.
나는 / 아니다 / 선생님이.

2
너는 /~이다 / 경찰관.
You're ___ a police officer.
너는 / 아니다 / 경찰관.
You're not a police officer.

3
그녀는 /~이다 / 치과의사.
She's a dentist.
She's ___ not ___ a dentist.
그녀는 / 아니다 / 치과의사가.

4
그는 / 있다 / 박물관에.
He's ___ not ___ at the museum.
그는 / 없다 / 박물관에.
He's not at the museum.

5
우리는 / 있다 / 경찰서에.
We're ___ not ___ at the police station.
우리는 / 없다 / 경찰서에.
We're at the police station.

6
그들은 / 있다 / 병원에.
They're ___ not ___ at the hospital.
그들은 / 없다 / 병원에.
They're at the hospital.

Word Check

t e a c h e r 선생님

d e n t i s t 치과의사

p o l i c e s t a t i o n 경찰서

23

---

02 쓰다 보면 문법이 보인다!

✻ <주어 + be동사>는 줄임말로 쓰세요.

1 그는 /~이다
He's a pilot. / 조종사.

2 그는 / 아니다
He's ___ not ___ a pilot. / 조종사가.

3 그들은 / 아니다
They're ___ not ___ pilots. / 조종사들이.

4 그들은 / 아니다
They're ___ not ___ scientists. / 과학자들이.

5 그들은 /~이다
They're ___ scientists. / 과학자들.

6 그녀는 /~이다
She's ___ a scientist. / 과학자.

7 그녀는 / 있다
She's ___ at the store. / 가게에.

8 그녀는 / 없다
She's ___ not ___ at the store. / 가게에.

9 그녀는 / 없다
She's ___ not ___ at the market. / 시장에.

10 나는 / 없다
I'm ___ not ___ at the market. / 시장에.

문제로 문법 정리

밑줄 친 부분을 줄임말로 바꿔 쓰세요.

1. They <u>are not</u> at the store.
→ ___aren't___

2. He <u>is not</u> a teacher.
→ ___isn't___

24

5

05 문장이 써지면 이 영문법은 OK!

✱ 〈주어 + be동사〉는 붙여서 줄임말로 쓰세요.

1. 그것은 슈퍼마켓에 있어요.
It's ___ at the supermarket.

2. 그것은 슈퍼마켓에 없어요.
It's not at the supermarket.

3. 나는 슈퍼마켓에 없어요.
I'm not at the ___ supermarket ___ .

4. 나는 선생님이 아니에요.
I'm ___ not ___ a teacher.

5. 그녀는 선생님이 아니에요.
She's ___ not ___ a ___ teacher ___ .

6. 그녀는 과학자가 아니에요.
She's ___ not ___ a scientist.

7. 그들은 과학자들이 아니에요.
They're ___ not ___ scientists.

8. 그들은 과학자들이에요.
They're scientists.

9. 그들은 치과의사들이에요.
They're dentists.

10. 당신들은 치과의사들이군요.
You're dentists.

25

11. 당신들은 치과의사들이 아니에요.
You're ___ not ___ dentists.

12. 그는 치과의사가 아니에요.
He's not a dentist.

13. 그는 병원에 없어요.
He's ___ not ___ at the hospital.

14. 우리는 병원에 없어요.
We're not at the hospital.

15. 우리는 변호사들이 아니에요.
We're ___ not ___ lawyers.

16. 우리는 변호사들이에요.
We're ___ lawyers.

17. 그녀는 변호사예요.
She's a lawyer.

18. 그녀는 변호사가 아니에요.
She's not a lawyer.

알아두면 좋아요

직업을 나타내는 단어 teacher 교사, 선생 pilot 조종사 scientist 과학자 dentist 치과의사 lawyer 변호사
장소를 나타내는 단어 hospital 병원 store 가게, 상점 market 시장 supermarket 슈퍼마켓

26

04 | The boy is happy.

01 비교하면 답이 보인다!

1.
그 개는 /~이다 / 못생긴
The dog is ugly.
It is an __ugly__ dog.
그것은 /~이다 / 못생긴 개.

2.
그 소녀는 /~이다 / 빠른
The girl is fast.
She is a __fast__ girl.
그녀는 /~이다 / 빠른 소녀.

3.
그 여자는 /~이다 / 친절한
The woman is kind.
She is a __kind__ woman.
그녀는 /~이다 / 친절한 여자.

4.
그 남자는 /~이다 / 덩치가 큰
The man is big.
He is a __big__ man.
그는 /~이다 / 덩치가 큰 남자.

5.
그 소년들은 /~이다 / 느린
The boys are slow.
They are __slow__ boys.
그들은 /~이다 / 느린 소년들.

6.
나는 /~이다 / 행복한
I am happy.
I am a __happy__ person.
나는 /~이다 / 행복한 사람.

Word Check

f a s t

k i n d

s l o w

28

---

02 쓰다 보면 문법이 보인다!

1 The man __is__ __fast__.
그 남자는 /~이다 / 빠른.

2 The __man__ __is__ __short__.
그 남자는 /~이다 /키가 작은.

3 They __are__ __short__.
그들은 /~이다 /키가 작은.

4 __They__ __are__ __happy__.
그들은 /~이다 / 행복한.

5 She __is__ __happy__.
그녀는 /~이다 / 행복한.

6 She is a __happy__ __girl__.
그녀는 /~이다 / 행복한 소녀.

7 __She__ __is__ a __kind__ girl.
그녀는 /~이다 / 친절한 소녀.

8 She __is__ a __kind__ __person__.
그녀는 /~이다 / 친절한 사람.

9 He is a __kind__ __person__.
그는 /~이다 / 친절한 사람.

10 __He__ __is__ a __kind__ __man__.
그는 /~이다 / 친절한 남자.

알아두면 좋아요

반대말을 배워보자!

big — small 큰 - 작은
fast — slow 빠른 - 느린
hot — cold 뜨거운 - 차가운
long — short 긴 - 짧은
high — low 높은 - 낮은
thick — thin 두꺼운 - 얇은
happy — sad 행복한 - 슬픈
old — new 오래된 - 새로운

문제로 문법 정리

짝지어진 반대말의 우리말 뜻을 쓰세요.
1. fast (빠른) : slow (느린)
2. short (짧은) : long (긴)
3. thick (두꺼운) : thin (얇은)

29

03 문장이 써지면 이 영문법은 OK!

1. 얼굴이 커.
   The face __is__ big.

2. 손들이 커.
   The hands are __big__.

3. 손들이 느려.
   The hands __are__ slow.

4. 다리들이 느려.
   The legs __are__ slow ____.

5. 다리들이 길어.
   The __legs__ are long.

6. 목이 길어.
   The neck __is__ ____ long ____.

7. 목이 얇아.
   The __neck__ __is__ thin.

8. 팔들이 얇아.
   The arms __are__ ____ thin ____.

9. 팔들이 짧아.
   The __arms__ __are__ short.

10. 허리가 짧아.
    The waist __is__ ____ short ____.

11. 허리가 두꺼워.
    The __waist__ __is__ thick.

12. 발들이 두꺼워.
    The feet __are__ ____ thick ____.

13. 그것들은 두툼한 발들이야.
    They are thick feet.

14. 그것들은 큰 발들이야.
    They are __big__ ____ feet ____.

15. 그것들은 큰 손들이야.
    They are __big__ hands.

16. 그것들은 느린 손들이야.
    They __are__ ____ slow ____ hands.

17. 그것들은 느린 다리들이야.
    They __are__ slow ____ legs ____.

18. 그것들은 긴 다리들이야.
    They __are__ long legs ____.

19. 그것은 긴 목이야.
    It is a ____ long ____ neck ____.

20. 그것은 얇은 목이야.
    It is a thin neck.

21. 그것들은 얇은 팔들이야.
    They are ____ thin ____ arms.

22. 그것들은 짧은 팔들이야.
    They are short ____ arms ____.

23. 그것은 짧은 허리야.
    It is a short waist.

24. 그것은 두꺼운 허리야.
    It is a thick ____ waist ____.

05 | Are you happy?

01 비교하면 답이 보인다!

그는 / 이다 / 바쁜.
He is busy.

① <u>Is</u> <u>he</u> busy? — Yes, he <u>is</u> .
　아니 / 그는 / 바쁜? 응, 그래.
　└ 긍정의 대답을 할 땐 Yes, he's처럼 줄임말로 쓰지 않아.

너는 / 이다 / 행복한.
You are happy.

② <u>Are</u> <u>you</u> happy? — No, I'm <u>not</u> .
　아니 / 너는 / 행복한? 아니, 안 그래.

나는 / 이다 / 게으른.
I am lazy.

③ <u>Am</u> <u>I</u> lazy? — Yes <u>　</u> , you are.
　아니 / 내가 / 게으른? 응, 그래.

그녀는 / 이다 / 모델.
She is a model.

④ <u>Is</u> <u>she</u> a model? — Yes, she <u>is</u> .
　아니 / 그녀는 / 모델? 응, 그래.

그들은 / 이다 / 예술가들.
They are artists.

⑤ <u>Are</u> <u>they</u> artists? — No, they <u>aren't</u> .
　아니 / 그들은 / 예술가들? 아니, 안 그래.

그것은 / 이다 / 책.
It is a book.

⑥ <u>Is</u> <u>it</u> a book? — No <u>　</u> , it isn't.
　아니 / 그것은 / 책? 아니, 안 그래.

33

02 쓰다 보면 문법이 보인다!

① <u>Are</u> <u>they</u> smart?
　아니 / 그들은 / 똑똑한?

② <u>Are</u> <u>you</u> smart?
　아니 / 너는 / 똑똑한?

③ <u>Are</u> <u>you</u> scientists?
　아니 / 너희들은 / 과학자들?
　└ 1명인 '너도', 2명 이상인 '너희들'도 모두 you

④ <u>Is</u> <u>she</u> a scientist?
　아니 / 그녀는 / 과학자?

⑤ <u>Is</u> <u>she</u> a dentist?
　아니 / 그녀는 / 치과의사?

⑥ <u>Is</u> <u>she</u> at the hospital?
　있니 / 그녀는 / 병원에?

⑦ <u>Are</u> they at the <u>hospital</u> ?
　있니 / 그들은 / 병원에?

⑧ <u>Are</u> <u>they</u> nurses?
　아니 / 그들은 / 간호사들?

⑨ <u>Is</u> he a nurse?
　아니 / 그는 / 간호사?

⑩ <u>Is</u> <u>he</u> at the police station?
　있니 / 그는 / 경찰서에?

34

문제로 문법 정리

밑줄 친 부분을 줄임말로 바꿔 쓰세요.

1. A: Is she busy?
B: No, she is not.
→ <u>isn't</u>

2. A: Are we lazy?
B: No, we are not.
→ <u>aren't</u>

03 문장이 써지면 이 영문법은 OK!

연습할 동사들을 <be동사 + you>로

1. 그는 가수니? 아니, 그는 아니야.
   Is   he a singer? — No, he   isn't   .

2. 그들은 가수들이니? 응, 그래.
   Are   they   singers   ? — Yes, they are.

3. 그들은 여배우들이니?
   Are   they   actresses?

4. 그녀는 배우니? 응, 그래.
   Is   she an   actress   ? — Yes,   she   is   .

5. 그녀는 댄서니?
   Is   she   a dancer?

6. 너는 댄서니? 응, 그래.
   Are you a dancer?   — Yes, I am.

7. 너희들은 댄서들이니?
   Are   you   dancers   ?

"너 1명에게 you,
너희들 여러 명에게 you"

도전 문장 쓰기

8. 너희들은 배우들이니? 아니, 우리는 아니야.
   Are   you actors? — No,   we   aren't.

9. 너희들은 바쁘니?
   Are   you   busy   ?

10. 그녀는 바쁘니? 아니, 그녀는 아니야.
    Is   she busy? — No,   she   isn't   .

35

---

11. 그녀는 예쁘니?
    Is   she   pretty?

12. 내가 예쁘니? 응, 그래.
    Am I   pretty   ? —   Yes, you   are   .

13. 내가 잘생겼니?
    Am   I   handsome?

14. 내가 게으르니? 아니, 너는 안 그래.
    Am   I   lazy? — No,   you   aren't.

15. 그들은 게으르니?
    Are they lazy?

16. 그는 게으르니? 응, 그래.
    Is   he   lazy? —   Yes   , he is.

17. 그는 공원에 있니?
    Is   he   at the park?

18. 그들은 공원에 있니?
    Are   they   at the park?

도전 문장 쓰기

읽어두면 좋아요

직업을 나타내는 단어 singer 가수 actress 여배우 dancer 댄서 actor (남자)배우 scientist 과학자 dentist 치과의사
nurse 간호사 model 모델
형용사 단어 busy 바쁜 pretty 예쁜 handsome 잘생긴 lazy 게으른 smart 똑똑한 happy 행복한

36

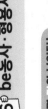

왕초보 영문법 **06③ be동사·형용사 총정리**

Units 01~05 복습

Unit 06 듣기

01 비교하면 답이 보인다!

〈주어 + be동사〉는 줄임말로 쓰세요.

① 그는 경찰관이다.
He's a police officer.

그는 경찰관이 아니다.
He's not a police officer.

② 우리는 버스 정류장에 있었다.
We're ___ at the bus stop.

우리는 버스 정류장에 없다.
We're **not** at the bus stop.

③ 나는 바쁘다.
I'm busy.

나는 바쁘지 않다.
I'm **not** busy.

④ 그것은 똑똑한 개이다.
It is a smart dog.

그것은 똑똑한 개니?
Is it a smart dog?

⑤ 그들은 도서관에 있었다.
They are at the library.

그들은 도서관에 있니?
Are they at the library?

---

02 쓰다 보면 문법이 보인다!

〈He/We/They/It + be동사〉는 줄임말로 쓰세요.

① John **is** handsome.
존은 잘생겼다.

② John is **not** handsome.
존은 잘생기지 않았다.

③ He's **not** handsome.
그는 잘생기지 않았다.

④ We're **not** handsome ___ .
우리는 잘생기지 않았다.

⑤ We're **not** fast.
우리는 빠르지 않다.

⑥ We're fast.
우리는 빠르다.

⑦ We're fast swimmers.
우리는 빨리 수영하는 사람들이다. [우리는 빠른 수영 선수들이다.]

⑧ We're slow swimmers.
우리는 느리게 수영하는 사람들이다. [우리는 느린 수영 선수들이다.]

⑨ Are you slow swimmers? — No, we aren't.
너희들은 느리게 수영하는 사람들이니?
[너희들은 느린 수영 선수들이니?] 아니, 우리는 안 그래.

⑩ Is Jane a slow swimmer? — Yes, she is.
제인은 느리게 수영하는 사람이니?
[제인은 느린 수영 선수이니?] 응, 그래.

03 문장이 써지면 이 영문법은 OK!

〈They/You/I + be동사〉는 줄임말로 쓰세요.

도전! 문장 쓰기

1 브라운 씨는 행복한 신사야.
Mr. Brown is a happy gentleman.

2 브라운 씨는 도서관에 있어.
Mr. Brown is at the library .

3 그들은 도서관에 있어.
They're at the library.

4 그들은 도서관에 없어.
They're not at the library.

5 그들은 버스 정류장에 없어.
They're not at the bus stop.

도전! 문장 쓰기

6 너는 버스 정류장에 없구나.
You're not at the bus stop.

7 너는 버스 정류장에 있구나.
You're at the bus stop.

8 너는 버스 정류장에 있니?
Are you at the bus stop?

9 수지는 버스 정류장에 있니?
Is Susie at the bus stop?

10 수지는 키가 작니?
Is Susie short?

40

---

11 Is Jane slow? — No , she isn't.
제인은 느리니? 아니, 안 그래.

12 Is Jane pretty ? — No, she isn't.
제인은 예쁘니? 아니, 안 그래.

Jane and Susie처럼 주어가 2명 이상일 때는 be동사 자리에 are를 써.

13 Are Jane and Susie pretty? — Yes, they are.
제인과 수지는 예쁘니? 응, 그들은 그래.

14 They're pretty.
그들은 예쁘다.

15 They're long and thin.
그들은 길고 얇다.

16 It's long and thin .
그것은 길고 얇다.

17 It's a long and thin book .
그것은 길고 얇은 책이다.

18 They're long and thin books.
그것들은 길고 얇은 책들이다.

알아두면 좋아요

형용사 단어 busy 바쁜 handsome 잘생긴 fast 빠른 slow 느린 pretty 예쁜 long 긴 thin 얇은, 마른
명사 단어 swimmer 수영 선수, 수영하는 사람 book 책

39

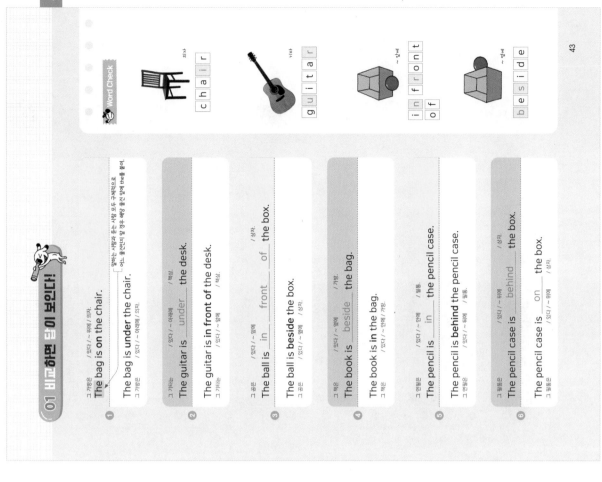

01 비교하면 답이 보인다!

Word Check

- c h a i r 의자
- g u i t a r 기타
- i n   f r o n t   o f ~앞에
- b e s i d e ~옆에

1. 그 가방은 / 있다 / ~위에 / 의자.
   The bag is on the chair.
   그 가방은 / 있다 / ~아래에 / 의자.
   The bag is under the chair.

2. 그 기타는 / 있다 / ~아래에 / 책상.
   The guitar is __under__ the desk.
   그 기타는 / ~앞에 / 책상.
   The guitar is in front of the desk.

3. 그 공은 / 있다 / ~앞에 / 상자.
   The ball is __in front of__ the box.
   그 공은 / 있다 / ~옆에 / 상자.
   The ball is beside the box.

4. 그 책은 / 있다 / ~옆에 / 가방.
   The book is __beside__ the bag.
   그 책은 / 있다 / ~안에 / 가방.
   The book is in the bag.

5. 그 연필은 / 있다 / ~안에 / 필통.
   The pencil is __in__ the pencil case.
   그 연필은 / ~뒤에 / 필통.
   The pencil is behind the pencil case.

6. 그 필통은 / 있다 / ~뒤에 / 상자.
   The pencil case is __behind__ the box.
   그 필통은 / 있다 / ~위에 / 상자.
   The pencil case is __on__ the box.

43

13

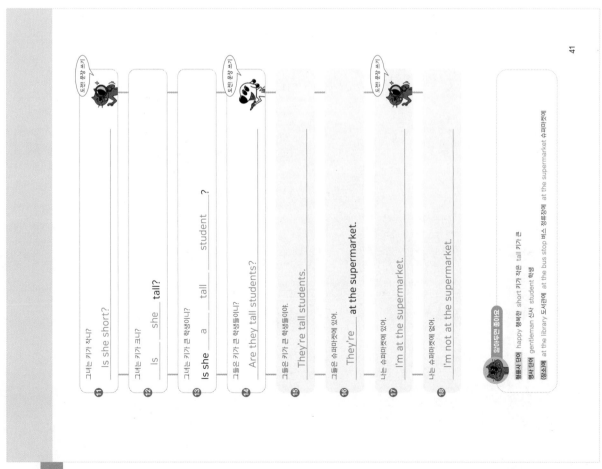

11. 그녀는 키가 작니?
    Is she short?

12. 그녀는 키가 크니?
    Is __she__ tall?

13. 그녀는 키가 큰 학생이니?
    Is she __a__ tall student __?__

14. 그들은 키가 큰 학생들이니?
    Are they tall students?

15. 그들은 키가 큰 학생들이야.
    They're tall students.

16. 그들은 슈퍼마켓에 있어.
    They're __at__ the supermarket.

17. 나는 슈퍼마켓에 있어.
    I'm at the supermarket.

18. 나는 슈퍼마켓에 없어.
    I'm not at the supermarket.

알아두면 좋아요

형용사 단어 happy 행복한 short 키가 작은 tall 키가 큰
명사 단어 gentleman 신사 student 학생
(장소에) at the library 도서관에 at the bus stop 버스 정류장에 at the supermarket 슈퍼마켓에

41

02 쓰다 보면 문법이 보인다!

❶ The pencil is __under__ the book.
그 연필은 / 있다/~아래에 / 그 책.

❷ The __book__ __is__ __beside__ the pencil case.
그 책은 / 있다/~옆에 / 필통.

❸ The __pencil__ __case__ __is__ __on__ __the__ the bag.
그 필통은 / 있다/~위에 / 가방.

❹ The bag is in __front__ __of__ the chair.
그 가방은 / 있다/~앞에 / 의자.

❺ The __chair__ __is__ __behind__ the desk.
그 의자는 / 있다/~뒤에 / 책상.

❻ The __desk__ __is__ __behind__ the window.
그 책상은 / 있다/~옆에 / 창문.

❼ The __window__ __is__ __in__ the room.
그 창문은 / 있다/~안에 / 방.

❽ The __room__ __is__ __beside__ the bathroom.
그 방은 / 있다/~옆에 / 욕실.

❾ The __bathroom__ __is__ __in__ the house.
그 욕실은 / 있다/~안에 / 집.

❿ The __house__ __is__ __behind__ the hospital.
그 집은 / 있다/~뒤에 / 병원.

문제로 문법 정리

그림을 보고, 괄호 안에서 알맞은 말을 골라 고르세요.

1. The hospital is (in front of / in) the museum.

2. The bank is (under / beside) the theater.

44

03 문장이 써지면 이 문법은 OK!

그 기타는 상자 안에 있어.
❶ The guitar is __in__ the box.

그 기타는 상자 위에 있어.
❷ The __guitar__ is on the __box__ .

그 공은 상자 위에 있어.
❸ The ___ is __on__ __the__ __box__ .

그 공은 상자 아래에 있어.
❹ The __ball__ is under the box.

그 공은 상자 아래에 있어.
❺ The ball is under the desk.

그 가방은 책상 아래에 있어.
❻ The bag is __under__ the desk.

그 가방은 책상 옆에 있어.
❼ The __bag__ is beside the __desk__ .

그 가방은 의자 옆에 있어.
❽ The bag __is__ beside the chair.

그 책은 의자 옆에 있어.
❾ The book is __beside__ the __chair__ .

그 책은 의자 위에 있어.
❿ The book is on the chair.

45

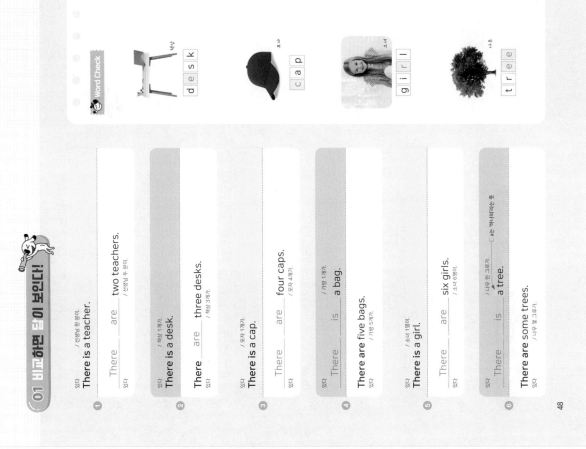

01 비교하면 더 쉬운 비교

Word Check

d e s k /책상/
c a p /모자/
g i r l /소녀/
t r e e /나무/

1 있다 / 선생님 한 분이.
There is a teacher. / 선생님 두 분이.
There _____are_____ two teachers.

2 있다 / 책상 1개가.
There is a desk.
있다 / 책상 3개가.
There _____are_____ three desks.

3 있다 / 모자 1개가.
There _____are_____ four caps. / 모자 4개가.
There is a cap.

4 There are five bags. / 가방 5개가.
There _____is_____ a bag. / 가방 1개가.

5 There is a girl. / 소녀 1명이.
There _____are_____ six girls. / 소녀 6명이.

6 There _____is_____ a tree. / 나무 한 그루가.
  └ ~는 하나여야만 못
There are some trees. / 나무 몇 그루가.

48

---

11 그 책은 피아노 위에 있어.
The _____book_____ _____is_____ _____on_____ the piano.

12 그 책은 피아노 옆에 있어.
The book is in front of _____the_____ _____piano_____.

13 그 소파는 피아노 앞에 있어.
The sofa is _____in_____ _____front_____ _____of_____ the table.

14 그 소파는 테이블 옆에 있어.
The _____sofa_____ _____is_____ in _____front_____ _____of_____ the table.
  └ next to = beside
15 그 소파는 테이블 옆에 있어.
The _____sofa_____ is next to the _____table_____.

16 그 피아노는 테이블 옆에 있어.
The piano is _____next_____ to the table.

17 그 극장은 박물관 옆에 있어.
The theater is _____next_____ _____to_____ the museum.

18 그 극장은 박물관 뒤에 있어.
The _____theater_____ _____is_____ behind the museum.

알아두면 좋아요

the의 쓰임

말하는 사람과 듣는 사람 모두 알고 있는 물건의 경우 the를 쓴다. 즉, 특정한 사람이나 물건 앞에 해당 물건
앞에 the를 쓴다. 특정한 사람이나 물건이 물건 앞에는 the가 붙는다.

The ball is on the box.

46

02 다시 써보는 문장 수업!

1 There ___is___ a boy behind the tree.
있다 / 소년 1명이 / 나무 뒤에

2 There ___are___ boys behind the tree.
있다 / 소년들이 / 나무 뒤에

3 There ___are___ boys ___in___ ___front___ of the tree.
있다 / 소년들이 / 나무 앞에

4 There ___are___ ___girls___ ___in___ ___front___ of the tree.
있다 / 소녀들이 / 나무 앞에

5 There ___are___ ___girls___ beside the lake.
있다 / 소녀들이 / 호수 옆에

6 There ___is___ a ___girl___ beside the ___lake___ .
있다 / 소녀 1명이 / 호수 옆에

7 ___There___ ___is___ a ___student___ ___beside___ the lake.
있다 / 학생 1명이 / 호수 옆에

8 There ___is___ a ___student___ behind the museum.
있다 / 학생 1명이 / 박물관 뒤에

9 There ___are___ students behind the ___museum___ .
있다 / 학생들이 / 박물관 뒤에

10 ___There___ ___are people___ ___behind___ the museum.
있다 / 사람들이 / 박물관 뒤에
└ 도, '사람'의 복수 의미로 사람들

문제로 문법 정리

괄호 안의 단어 중 올맞은 것을 고르세요.

1. There (is / (are)) a tree beside the lake.

2. There (is / (are)) people in front of the museum.

---

03 문장이 써지면 이 영문법은 OK!

1 There ___are___ two bags on the bed.
침대 위에 가방 2개가 있다.

2 There ___are___ three bags on the bed.
침대 위에 가방 3개가 있다.

3 There ___is___ a bag on the bed.
침대 위에 가방 1개가 있다.

4 There ___is___ a cap on the bed.
침대 위에 모자 1개가 있다.

5 There ___are___ four caps ___under___ the bed.
침대 아래에 모자 4개가 있다.

6 There ___are___ four boxes under the bed.
침대 아래에 상자 4개가 있다.

7 There ___are___ five boxes under the table.
테이블 아래에 상자 5개가 있다.

8 There ___is___ a box under the table.
테이블 아래에 상자 1개가 있다.

9 There ___are___ six boxes ___behind___ the table.
테이블 뒤에 상자 6개가 있다.

10 There ___are___ seven chairs behind the table.
테이블 뒤에 상자 7개가 있다.

Word Check

peach
p e a c h 복숭아

basket
b a s k e t 바구니

dish
d i s h 접시

tray
t r a y 쟁반

53

01 비교하면 답이 보인다!

① 있다
There is a peach in the bowl.
복숭아 1개가 / 그릇 안에.

There is not a peach in the bowl.
없다

② 있다
There are strawberries in the basket.
딸기들이 / 바구니 안에.

There are not strawberries in the basket.
없다 / 바구니 안에.

③ 있다
There are oranges in the box.
오렌지들이 / 상자 안에.

There are not oranges in the box.
없다 / 상자 안에.

④ 있다
There is a melon on the table.
멜론 1개가 / 테이블 위에.

There is not a melon on the table.
없다 / 테이블 위에.

⑤ 있다
There are bananas in the dish.
바나나들이 / 접시에.

There are not bananas in the dish.
없다 / 접시에.

⑥ 있다
There are pears on the tray.
배들이 / 쟁반 위에.

There are not pears on the tray.
없다 / 쟁반 위에.

51

⑪ 테이블 뒤에 의자 1개가 있다.
There is a chair behind the table.

⑫ 상자 뒤에 의자 1개가 있다.
There is a chair behind the box.

⑬ 상자 뒤에 의자 8개가 있다.
There are eight chairs behind the box.

⑭ 상자 안에 의자 9개가 있다.
There are nine chairs in the box.

⑮ 상자 안에 책 10권이 있다.
There is a book in the box. 도전! 문장 쓰기

⑯ 상자 옆에 책 1권이 있다.
There is a book next to the box .

⑰ 문 옆에 책 10권이 있다.
There are ten books next to the door. 도전! 문장 쓰기

⑱ 문 옆에 기타 1대가 있다.
There is a guitar next to the door.

읽어두면 좋아요

숫자는 이번 기회에 꼭 외우고 넘어가자!

one	two	three	four	five	six	seven	eight	nine
1	2	3	4	5	6	7	8	9
ten	twenty	thirty	forty	fifty	sixty	seventy	eighty	ninety
10	20	30	40	50	60	70	80	90

17

02 쓰다 보면 문법이 보인다!

문제로 문법 정리

괄호 안의 표현 중 알맞은 것을 고르세요.

1. There (is not / are not) a ball in the box.
2. There (isn't / aren't) apples on the tray.

① There is __not__ a book in the bag.
없다 / 책이 / 가방 안에

② There __are__ __not__ books in the bag.
없다 / 책들이 / 가방 안에

③ There __are__ __not__ pencils in the bag.
없다 / 연필들이 / 가방 안에

④ There __are__ __not__ pencils on the table.
없다 / 연필들이 / 테이블 위에

⑤ There __is__ __not__ a __pencil__ on the table.
없다 / 연필이 / 테이블 위에

⑥ There is __not__ a pencil next to the book.
없다 / 연필이 / 책 옆에

⑦ There is __not__ a pencil case __next__ __to__ the book.
없다 / 필통이 / 책 옆에

⑧ There __are__ __not__ pencil cases next to the book.
없다 / 필통들이 / 책 옆에

⑨ There __are__ __not__ bags __next__ __to__ the book.
없다 / 가방들이 / 책 옆에

⑩ There __is__ __not__ a bag next to the book.
없다 / 가방이 / 책 옆에

---

03 문장이 써지면 이 영영문은 OK!

<be동사 + not>은 줄임말로 쓰세요.

여기에는 서점이 없어.
① There __isn't__ a bookstore here.

이 부근에는 서점이 없어.
② There __isn't__ a __bookstore__ near here.

이 부근에는 서점들이 없어.
③ There __aren't__ bookstores near here.

이 부근에는 병원들이 없어.
④ There __aren't__ hospitals near ____ .

이 부근에는 병원이 없어.
⑤ There __isn't__ a __hospital__ near here.

이 부근에는 공원이 없어.
⑥ There __isn't__ a park near here.

이 부근에는 공원들이 없어.
⑦ There aren't parks near here.

이 주변에는 공원들이 없어.
⑧ There __aren't__ parks around here.

이 주변에는 우체국들이 없어.
⑨ There __aren't__ post offices ____ here.

이 주변에는 우체국이 없어.
⑩ There __isn't__ a post office around here.

도전 문장 쓰기

문장 연습을 위해 near here는 '이 부근에', around here는 '이 주변에'라고 의미를 구분해 놓았지만, 사실 near here나 around here는 비슷한 표현으로 둘 다 '이 근처에', '이 부근에'라는 의미를 나타내.

⑦ There aren't parks near here.

⑨ There __aren't__ post offices __around__ here.

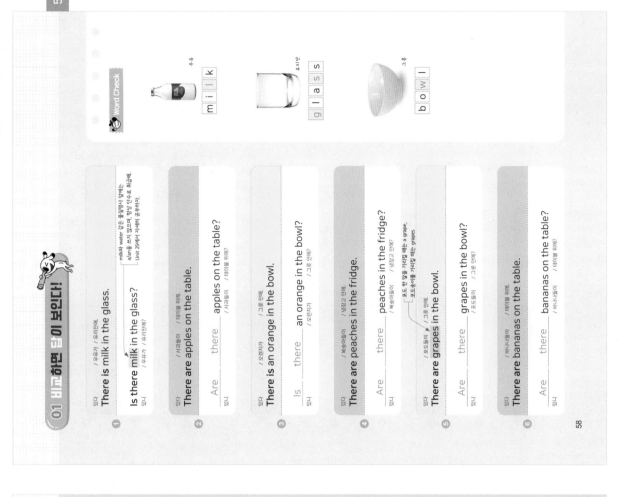

01 비교하면 답이 보인다!

① There is milk in the glass.
있다 / 우유가 / 유리잔에

　 Is there milk in the glass?
있니 / 우유가 / 유리잔에?

② There are apples on the table.
있다 / 사과들이 / 테이블 위에

　 Are there apples on the table?
있니 / 사과들이 / 테이블 위에?

③ There is an orange in the bowl.
있다 / 오렌지가 / 그릇 안에

　 Is there an orange in the bowl?
있니 / 오렌지가 / 그릇 안에?

④ There are peaches in the fridge.
있다 / 복숭아들이 / 냉장고 안에

　 Are there peaches in the fridge?
있니 / 복숭아들이 / 냉장고 안에?

⑤ There are grapes in the bowl.
있다 / 포도들이 / 그릇 안에

　 Are there grapes in the bowl?
있니 / 포도들이 / 그릇 안에?

⑥ There are bananas on the table.
있다 / 바나나들이 / 테이블 위에

　 Are there bananas on the table?
있니 / 바나나들이 / 테이블 위에?

milk와 water 같은 물질명사 앞에는 a/an을 쓰지 않으며, 항상 단수로 취급해. Unit 25에서 자세히 공부하자.

Word Check
m i i l k 우유
g l a s s 유리잔
b o w l 그릇

58

⑪ 이 주변에는 레스토랑이 없어.
There isn't a restaurant around here.

⑫ 이 주변에는 레스토랑들이 없어.
There aren't restaurants around here.

⑬ 이 부근에는 극장들이 없어.
There aren't theaters near here.

⑭ 이 부근에는 시장들이 없어.
There aren't markets near here.

⑮ 이 부근에는 시장이 없어.
There isn't a market near here.

⑯ 이 부근에는 상점이 없어.
There isn't a store near here.

⑰ 이 부근에는 상점들이 없어.
There aren't stores near here.

⑱ 이 주변에는 상점이 없어.
There isn't a store around here.

알아두면 좋아요

필수 단어 bookstore 서점 here 여기에; 여기 near 가까이에; 가까이 around 주위에 theater 극장 store 가게, 상점

56

19

02 쓰다 보면 문법이 보인다!

1. Is there a police station near here?
   있니 / 경찰서가 / 이 부근에?
2. Is there a library near here?
   있니 / 도서관이 / 이 부근에?
3. Are there libraries near here?
   있니 / 도서관들이 / 이 부근에?
4. Are there theaters near here?
   있니 / 극장들이 / 이 부근에?
5. Is there a theater near here?
   있니 / 극장이 / 이 부근에?
6. Is there a park near here?
   있니 / 공원이 / 이 부근에?
7. Are there parks near here?
   있니 / 공원들이 / 이 부근에?
8. Are there parks around here?
   있니 / 공원들이 / 이 주변에?
9. Are there hospitals around here?
   있니 / 병원들이 / 이 주변에?
10. Is there a hospital around here?
    있니 / 병원이 / 이 주변에?

문제로 문법 정리

다음 문장을 의문문으로 바꿀 때 빈칸에
알맞은 말을 쓰세요.

1. There is a fire station.
   → Is there a fire station?
2. There are grapes in the basket.
   → Are there grapes in the basket?

59

---

03 문장이 써지면 이 영문법은 OK!

✻ <be동사 의문문>
   <be + not + 주어>

1. 냉장고에 멜론들이 있니?
   Are there melons in the fridge?
2. 냉장고에 수박들이 있니?
   Are there watermelons in the fridge?
3. 냉장고에 수박 1통이 있니?
   Is there a watermelon in the fridge?
4. 냉장고에 물이 있니?
   Is there water in the fridge?
5. 병에 물이 있니?
   Is there water in the bottle?
6. 병에 우유가 있니?
   Is there milk in the bottle? — Yes, there is. 응, 있어.
7. 컵에 우유가 있니?
   Is there milk in the cup? — No, there isn't. 아니, 없어.
8. 컵에 주스가 있니?
   Is there juice in the cup? — Yes, there is. 응, 있어.
9. 테이블 위에 주스가 있니?
   Is there juice on the table? — No, there isn't. 아니, 없어.
10. 테이블 위에 배가 있니?
    Is there a pear on the table?

60

62쪽

바빠 영문법 3
11ⓔ There is/are · 위치 전치사 총정리

Units 07~10 복습

Unit 11 듣기

01 비교하면 답이 보인다!

※ 〈be동사 + not〉은 줄임말로 쓰세요.

There is a melon under the table.

① There ____ isn't ____ a melon ____ under ____ the table.
있다 / 멜론이 / 테이블 아래에
없다 / 멜론이 / 테이블 아래에

② There ____ are ____ bananas ____ beside ____ the ____ bowl ____ .
있다 / 바나나들이 / 그릇 옆에

There aren't bananas beside the bowl.
없다 / 바나나들이 / 그릇 옆에

③ ____ Is ____ there ____ bread ____ in front of the basket?
있다 / 빵이 / 바나나 옆에
있니 / 빵이 / 바나나 옆에

There is bread in front of the basket.
있다 / 빵이 / 바나나 옆에

④ ____ Is ____ there ____ a ____ watermelon ____ on ____ the ____ tray ____ ?
있다 / 수박이 / 쟁반 위에
있니 / 수박이 / 쟁반 위에

There is a watermelon on the tray.
있다 / 수박이 / 쟁반 위에

⑤ ____ Are ____ there ____ bananas behind the box?
있다 / 바나나들이 / 상자 뒤에
있니 / 바나나들이 / 상자 뒤에

There are bananas behind the box.
있다 / 바나나들이 / 상자 뒤에

61쪽

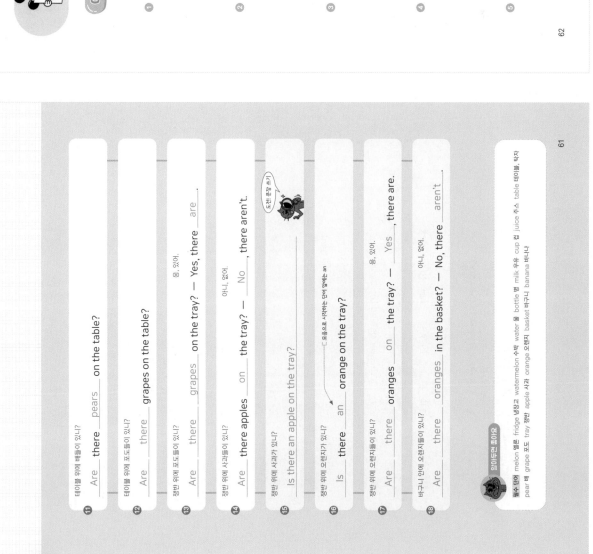

⑪ 테이블 위에 배들이 있니?
____ Are ____ there ____ pears ____ on the table?

⑫ 테이블 위에 포도들이 있니?
____ Are ____ there ____ grapes on the table?

⑬ 쟁반 위에 포도들이 있니?
____ Are ____ there ____ grapes ____ on the tray? — 응, 있어. Yes, there ____ are ____ .

⑭ 쟁반 위에 사과들이 있니?
____ Are ____ there apples ____ on ____ the tray? — 아니, 없어. ____ No ____ , there aren't.

⑮ 쟁반 위에 사과가 있니?
____ Is there an apple on the tray?

⑯ 쟁반 위에 오렌지가 있니?
____ Is ____ there ____ an ____ orange on the tray?
└─ 모음으로 시작하는 단어 앞에는 an

도전! 문장 쓰기

⑰ 쟁반 위에 오렌지들이 있니?
____ Are ____ there ____ oranges ____ on ____ the tray? — 응, 있어. Yes ____ , there are.

⑱ 바구니 안에 오렌지들이 있니?
____ Are ____ there ____ oranges ____ in the basket? — 아니, 없어. No, there ____ aren't ____ .

필수 단어 melon 멜론 fridge 냉장고 watermelon 수박 water 물 bottle 병 milk 우유 cup 컵 juice 주스 table 테이블, 탁자
pear 배 grape 포도 tray 쟁반 apple 사과 orange 오렌지 basket 바구니 banana 바나나

02 쓰기로 문법 다지기

> 중요문법 쓰기 노트
> *(be동사 + not으로 축약해 쓰세요.)

① Is there a theater next to the park?
공원 옆에 극장이 있니?

② Yes , there is a theater next to the park.
응, 공원 옆에 극장이 하나 있어.

③ There is a theater behind the bank.
은행 뒤에 극장이 하나 있다.

④ There isn't a theater behind the bank.
은행 뒤에는 극장이 없다.

⑤ There isn't a park behind the bank .
은행 뒤에는 공원이 없다.

⑥ There is a park behind the theater.
극장 뒤에 공원이 하나 있다.

⑦ Is there a park behind the theater ?
극장 뒤에 공원이 있니?

⑧ Is there a park in front of the theater?
극장 앞에 공원이 있니?

⑨ Is there a hotel in front of the theater ?
극장 앞에 호텔이 있니?

⑩ There is a hotel in front of the theater.
극장 앞에 호텔이 하나 있다.

⑪ There are hotels in front of the theater.
극장 앞에 호텔들이 있다.

⑫ Are there hotels in front of the theater?
극장 앞에 호텔들이 있니?

⑬ Are there hotels near here?
이 부근에 호텔들이 있니?

⑭ Are there supermarkets near here ?
이 부근에 슈퍼마켓들이 있니?

⑮ No, there aren't supermarkets near here.
아니, 이 부근에는 슈퍼마켓들이 없어.

⑯ There isn't a supermarket near here.
이 부근에는 슈퍼마켓이 없다.

⑰ There is a supermarket near here.
이 부근에 슈퍼마켓이 하나 있다.

⑱ There is a market near here .
이 부근에 시장이 하나 있다.

문제로 문법 정리

다음 그림과 관계 있는 전치사를 고르세요.

☑ behind   ☐ in

☐ next to   ☑ in front of

03 문장이 써지면 이 영문법은 OK!

〈be동사 + not〉은 줄임말로 쓰세요.

① 병에 신선한 우유가 있다.
There _is_ fresh milk in the bottle.

② 병에 신선한 우유가 없다.
There isn't fresh milk in the bottle.
(도전! 문장 쓰기)

③ 그릇에 차가운 우유가 없다.
There _isn't_ _fresh_ _milk_ in the bowl.

④ 그릇에 신선한 멜론들이 없다.
There _aren't_ fresh melons _in_ _the_ _bowl_
(도전! 문장 쓰기)

⑤ 그릇에 신선한 멜론들이 있다.
There are fresh melons in the bowl.

⑥ 그릇에 좋은 복숭아들이 있다.
There _are_ good peaches _in the bowl.

⑦ 그릇에 좋은 복숭아들이 있니?
Are there good _peaches_ in the bowl?

⑧ 그릇에 좋은 쌀이 있니?
Is _there_ good rice in the bowl?
rice, juice, milk, bread는 모두 셀 수 없는 명사여서 s와 함께 쓰지 않아요

⑨ 맛있는 쌀이 있니?
Is _there_ delicious rice _?

⑩ 맛있는 포도들이 있니?
Are _there delicious grapes?

---

⑪ 냉장고에 맛있는 포도들이 있니?
Are there delicious _grapes_ in the fridge?

⑫ 냉장고에 맛있는 주스가 있니?
_Is_ _there_ delicious juice in the fridge?

⑬ 냉장고에 차가운 주스가 있니?
Is there cold _juice_ in the _fridge_ ?

⑭ 냉장고에 차가운 주스가 있다.
There _is_ cold juice _in_ the fridge.

⑮ 컵에 차가운 주스가 있다.
There _is_ cold _juice_ in the cup.

⑯ 컵 옆에 신선한 주스가 있다.
There _is fresh_ juice beside the cup.

⑰ 컵 옆에 신선한 배들이 있다.
There _are_ fresh _pears beside the cup.

⑱ 컵 옆에 신선한 배들이 없다.
There aren't fresh pears beside the cup.
(도전! 문장 쓰기)

필수 단어 fresh 신선한 milk 우유 bottle 병 bowl 그릇 good 좋은 peach 복숭아 rice 쌀 delicious 맛있는 grape 포도 fridge 냉장고 juice 주스 cold 차가운 pear 배

12 | There are two dogs.

01 비교하며 문법 완성하기

There is **a cat** on the couch.
있다 / 1마리의 고양이가 / 소파에

1 There are **three cats** on the couch.
있다 / 3마리의 고양이들이 / 소파에

There is **an apple** in the bowl.
있다 / 1개의 사과가 / 그릇 안에

2 There are many ___apples___ in the bowl.
있다 / 많은 사과들이 / 그릇 안에

There is **a boy** under the tree.
있다 / 1명의 소년이 / 나무 아래에

3 There are five ___boys___ under the tree.
있다 / 5명의 소년들이 / 나무 아래에

A bus is at the bus stop.
1대의 버스가 / 있다 / 버스 정류장에

4 Two ___buses___ are at the bus stop.
2대의 버스들이 / 있다 / 버스 정류장에

The **bench** is very long.
그 벤치는 / ~이다 / 매우 긴

5 The ___benches___ are very long.
그 벤치들은 / ~이다 / 매우 긴

The **box** is very big.
그 상자는 / ~이다 / 매우 큰

6 The ___boxes___ are very big.
그 상자들은 / ~이다 / 매우 큰

Word Check

c o u c h 소파

f i v e 5, 다섯

b e n c h 벤치

02 스스로 문법 완성하기

a/an은 '1명/1개'일 때만 사용해.

1 It is **a** ___dish___.
그것은 / ~이다 / 1개의 접시.

2 They are ___dishes___ .
그것들은 / ~이다 / 접시들.

3 They ___are___ ___watches___ .
그것들은 / ~이다 / 시계들.

4 They ___are___ new ___watches___ .
그것들은 / ~이다 / 새 / 새 시계들.

5 It ___is___ ___a___ new ___watch___ .
그것은 / ~이다 / / 새 시계.

6 It is ___a___ new ___map___ .
그것은 / ~이다 / 새 지도.

7 ___They___ ___are___ new ___maps___ .
그것들은 / ~이다 / 새 지도들.

8 ___They___ ___are___ old ___maps___ .
그것들은 / ~이다 / 낡은 지도들.

9 ___They___ ___are___ old ___boxes___ .
그것들은 / ~이다 / 낡은 상자들.

10 It ___is___ ___an___ old ___box___ .
그것은 / ~이다 / 낡은 상자.

old는 모음으로 시작하니까
an을 붙여 an old box로 써야 해.

문제로 문법 정리

두 그림을 비교하여 빈칸에 알맞은 말을 쓰세요.

1.

dish ___dishes___

2.

___map___ maps

03 문장이 써지면 이 영문법은 OK!

1 그들은 배우들이다.
They are ___ actors ___.

2 그들은 재미있는 배우들이다.
They ___ are ___ interesting actors.

3 그들은 재미있는 여배우들이다.
They ___ are ___ interesting ___ actresses ___.

4 그녀는 재미있는 여배우이다.
She ___ is ___ an ___ interesting actress.
└ 자음으로 시작하는 단어 앞에는 a 모음으로 시작하는 단어 앞에는 an

5 그것은 재미있는 수업이다.
It ___ is ___ an ___ interesting class.

6 그것은 영어 수업이다.
It ___ is ___ an ___ English ___ class ___.

7 그것들은 영어 수업들이다.
It ___ is ___ English ___ classes ___.

8 그것들은 따분한 수업들이다.
They ___ are ___ boring ___ classes ___.

9 그것들은 따분한 책들이다.
They are boring books.

10 그것은 따분한 책이다.
It is ___ a ___ boring ___ book ___.
도전 문장 쓰기

11 그 책은 따분하다.
The book ___ is ___ boring ___.

12 그 책은 더럽다.
The ___ book ___ is ___ dirty.

13 그 책들은 더럽다.
The books are dirty.

14 그 책들은 더럽다.
The books ___ are ___ dirty ___.
도전 문장 쓰기

15 그 벤치들은 깨끗하다.
The ___ benches ___ are ___ clean.

16 그 벤치는 깨끗하다.
The bench is clean.

17 그 버스는 깨끗하다.
The bus ___ is ___ clean.

18 그 버스들은 깨끗하다.
The buses are clean.
도전 문장 쓰기

읽어두면 좋아요

bus의 복수형에는 -s가 아니라 왜 -es가 붙을까?

발음을 보면 쉽게 알 수 있어요. -s, -ch, -sh, -x로 끝나는 단어에 먼저 [s/스]를 붙이면 입 안에 힘이 더 많이 들어가서 발음하기 불편해. 다신 [-es/이즈]를 붙이면 발음이 부드럽게 넘어가서 말하기 훨씬 쉬워지지.

(x)	(o)
bus [버스스]	buses [버시즈]
brushs [브러쉬스]	brushes [브러쉬즈]

02 쓰다 보면 문법이 보인다!

① A man is in front of the bank.
1명의 남자가 / 있다 / 은행 앞에.

② Twenty men are in front of the bank.
20명의 남자들이 / 있다 / 은행 앞에.

③ Thirty men are in front of the park.
30명의 남자들이 / 있다 / 공원 앞에.

④ Forty women are in front of the park
40명의 여자들이 / 있다 / 공원 앞에.

⑤ Fifty women are in the park.
50명의 여자들이 / 있다 / 공원 안에.

⑥ A woman is in the park.
1명의 여자가 / 있다 / 공원 안에.

⑦ A child is in the park.
1명의 어린아가 / 있다 / 공원 안에.

⑧ Sixty children are in the park.
60명의 어린이들이 / 있다 / 공원 안에.

⑨ About Sixty children are in the park.
약 / 60명의 어린이들이 / 있다 / 공원 안에.
└ about: (부사) 약, 대략 / (전치사) ~에 관하여

⑩ About seventy people are in the park.
약 / 70명의 사람들이 / 있다 / 공원 안에.

74

문제로 문법 정리

두 그림을 비교하여 빈칸에 알맞은 말을 쓰세요.

1.
man   _men_

2.
woman   women

3.
child   children

---

13 | The fish are beautiful.

01 비교하면 답이 보인다!

✱ 괄호 안의 명사를 알맞은 형태로 바꾸어 쓰세요.

① There are three photos on the wall.
있다 / 3장의 사진들이(photo) / 벽에.

② There are many potatoes on the floor.
있다 / 많은 감자들이(potato) / 바닥에.

③ The ladies are very kind.
그 여성들은(lady) / ~이다 / 매우 친절한.

④ The knives are very short.
그 칼들은(knife) / ~이다 / 매우 짧은.

⑤ They are small wolves
그것들은 / ~이다 / 작은 늑대들(wolf).

⑥ They are old women
그들은 / ~이다 / 나이든 여자들(woman).

⑦ My feet are clean.
내 발들은(foot) / ~이다 / 깨끗한.

⑧ There are many mice in the house.
있다 / 많은 쥐들이(mouse) / 그 집에.

⑨ Several oxen are sick.
여러 마리의 소들이(ox) / ~이다 / 아픈.

⑩ The children are happy.
그 아이들은(child) / ~이다 / 행복한.

⑪ The fish are beautiful.
그 물고기들은(fish) / ~이다 / 아름다운.

⑫ The cities are busy.
그 도시들은(city) / ~이다 / 분주한.

Word Check

p h o t o 사진

k n i f e 칼

w o l f 늑대

o x 소

73

03 문장이 써지면 이 영문법은 OK!

1 100개의 토마토가 있다.
There __are__ a hundred __tomatoes__ .

2 1개의 토마토가 있다.
There __is__ a __tomato__ .

3 1개의 감자가 있다.
There is __a__ __potato__ .

4 90개의 감자가 있다.
There are ninety potatoes.

5 90개의 칼이 있다.
There __are__ ninety __knives__ .

6 1개의 칼이 있다.
There is __a__ __knife__ .

7 1장의 사진이 있다.
There __is__ a __photo__ .

8 80장의 사진이 있다.
There are eighty __photos__ .

9 700마리의 양이 있다.
There __are__ seventy __sheep__ .

10 1마리의 양이 있다.
There is a sheep.

11 1마리의 양과 1마리의 사슴이 있다.
There __are__ a sheep and a __deer__ .

12 600마리의 사슴이 있다.
There __are__ __sixty__ __deer__ .

13 1마리의 사슴이 있다.
There __are__ __a__ __deer__.

14 1마리의 물고기가 있다.
There is __a__ __fish__ .

15 500마리의 물고기가 있다.
There are fifty fish.

16 400마리의 쥐가 있다.
There __are__ __forty__ __mice__ .

17 1마리의 쥐가 있다.
There is a mouse.

18 30마리의 소와 1마리의 쥐가 있다.
There __are__ __thirty__ oxen __and__ __a__ __mouse__.

알아두면 돈이 돼요

and(그리고)

and는 '~와/과' 또는 '그리고'라는 뜻으로, 주어 자리에 'A와 B'(A와 B)가 오면 항상 복수 취급을 해서 동사도 복수 동사인 **are**를 써 주어야 해.

John and Fred are handsome.
└ 복수 주어 └ 복수 동사

There are a boy and a girl in the room.
└ 복수 동사 └ 복수 주어

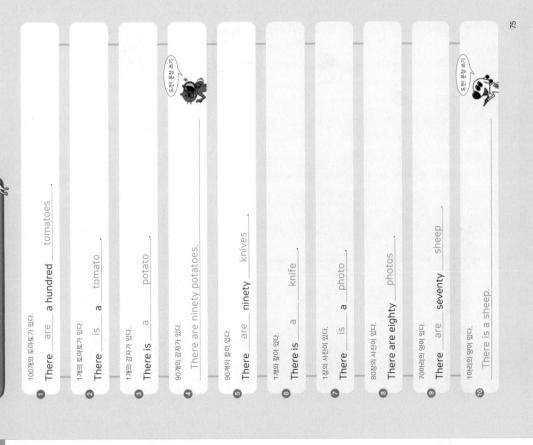

14 | My mother is busy.

01 비교하면 답이 보인다!

Word Check

p r i n c e 왕자

f r i e n d 친구

p e t 애완동물

프레드는 / ~이다 / 키가 큰 왕자.
Fred is a tall prince.

① He is a tall prince.
그는 / ~이다 / 키가 큰 왕자.

존과 나는 / ~이다 / 좋은 친구들
John and I are good friends.

② We are good friends.
우리는 / ~이다 / 좋은 친구들.

그 개는 / ~이다 / 귀여운.
The dog is cute.

③ It is cute.
그것은 / ~이다 / 귀여운.

제인은 / ~이다 / 학생.
Jane is a student.

④ She is my student.
그녀는 / 나의 학생.

수지와 프레드는 / ~이다 / 아이들.
Susie and Fred are children.

⑤ They are our children.
그들은 / ~이다 / 우리의 아이들.

페기는 / ~이다 / 애완동물
Peggy is a pet.

⑥ It is her pet.
그것은 / ~이다 / 그녀의 애완동물.

02 쓰다 보면 문법이 보인다!

① My feet are small.
나의 발들은 / ~이다 / 작은.

② My hands are small.
나의 손들은 / ~이다 / 작은.

③ Your hands are small.
너의 손들은 / ~이다 / 작은.

④ Your face is small.
너의 얼굴은 / ~이다 / 작은.

⑤ Her face is small.
그녀의 얼굴은 / ~이다 / 작은.

⑥ Her face is bright.
그녀의 얼굴은 / ~이다 / 밝은.

⑦ Their faces are bright.
그들의 얼굴들은 / ~이다 / 밝은.

⑧ Their teeth are bright.
그들의 치아들은 / ~이다 / 밝은.

⑨ His teeth are bright.
그의 치아들은 / ~이다 / 밝은.

⑩ His teeth are beautiful.
그의 치아들은 / ~이다 / 아름다운.

⑪ Our teeth are beautiful.
우리의 치아들은 / ~이다 / 아름다운.

⑫ Our eyes are beautiful.
우리의 눈들은 / ~이다 / 아름다운.

문제로 문법 정리

다음 주격 인칭대명사에 맞는 소유격을
찾아 선으로 연결하세요.

주격	소유격
we	their
she	our
they	her

⑪ 당신들이 그들의 부모들이시군요.
You are ___their___ parents.

⑫ 당신이 그들의 선생님이시군요.
You are their teacher. ___

⑬ 당신이 우리의 선생님이시군요.
___You___ ___are___ our teacher.

⑭ 그들이 우리 선생님들이셔.
They are ___our___ teachers.

⑮ 그들이 너희 선생님들이셔.
___They___ ___are___ your teachers.

⑯ 그녀[그분]이 네 선생님이셔.
She ___is___ your ___teacher___ ___.

⑰ 그녀[그분]이 네 애완동물이구나.
She ___is___ your ___pet___ ___.

⑱ 그것이 네 애완동물이구나.
It is your pet. ___

읽어두면 좋아요

인칭대명사가 구체적으로 누구를 대신해 쓰는 것인지 다음 예를 통해서 익혀 보자!

he and I → we	you and he → you	the girl → she	the boy → he	the book → it
you and I → we	you and Jane → you	Ms. Smith → she	Mr. Smith → he	the books → they
			John and Fred → they	he and she → they

03 문장이 써지면 이 영문법은 OK!

① 그는 내 사촌이야.
___He___ is my cousin.

② 그는 제 학생입니다.
He is ___my___ student.

③ 그녀는 제 학생입니다.
She ___is___ ___my___ student.

④ 그녀는 그의 학생입니다.
___She___ is his student.

⑤ 그들은 그의 학생들입니다.
They are ___his___ students ___.

⑥ 그분들이 그의 부모입니다.
___They___ ___are___ his parents.

⑦ 우리가 그의 부모입니다.
We ___are___ his parents.

⑧ 우리가 그녀의 부모입니다.
We are her parents.

⑨ 제가 그녀의 부모입니다.
___I___ ___am___ her parent.

부모 중 한 분을 가리킬 때는 parent, 부모 두 분을 다 가리킬 때는 parents

⑩ 제가 그들의 부모입니다.
I am their ___parent___ ___.

80

(02) 쓰다 보면 문법이 편인다!

> 사람을 가리킬 때도 this/that이나 these/those를 쓸 수 있어.

① **This** is our grandmother.
이분은 / ~이다 / 우리 할머니.

② **These** **are** our grandparents.
이분들은 / ~이다 / 우리 조부모.

③ **Those** **are** our grandparents.
저분들은 / ~이다 / 우리 조부모.

④ **That** **is** our grandfather.
저분은 / ~이다 / 우리 조부모.

⑤ This is her grandfather.
이분은 / ~이다 / 그녀의 할아버지.

⑥ **This** **is** her son.
이 사람은 / ~이다 / 그녀의 아들.

⑦ **These** **are** her **sons**.
이 사람들은 / ~이다 / 그녀의 아들들.

⑧ **Those** **are** her sons.
저 사람들은 / ~이다 / 그녀의 아들들.

⑨ **Those** **are** her daughters.
저 사람들은 / ~이다 / 그녀의 딸들.

⑩ **That** **is** my daughter.
저 사람은 / ~이다 / 나의 딸.

문제로 문법 정리

그림을 보고, 빈칸에 알맞은 말을 〈보기〉에서 골라 쓰세요.

보기	those	that
	these	this

1. **This** is an apple.
2. **That** is a banana.

84

---

15 | This is empty. That is full.

(01) 비교하면 답이 보인다!

①
이것은 / ~이다 / 내 가방.
That is my bag.
저것은 / ~이다 / 내 가방.
This is my bag.

②
이것들은 / ~이다 / 그의 모자들
These are his caps.
저것들은 / ~이다 / 그의 모자들
Those **are** his caps.

③
이것은 / ~이다 / 그녀의 드레스.
This is her dress.
이것들은 / ~이다 / 그녀의 드레스들
These **are** her dresses.

> this일 때는 단수 명사
> these일 때는 복수 명사

④
저것은 / ~이다 / 그들의 애완동물.
That **is** their pet.
저것들은 / ~이다 / 그들의 애완동물들
Those are their pets.

> that일 때는 단수 명사
> those일 때는 복수 명사

⑤
~아니다 / 이 사람은 / 네 형?
Are **these** your brothers?
~아니다 / 이 사람은 / 네 형?
Is this your brother?

> 의문문으로 쓸 때는 be동사를 주어인 this 앞으로

⑥
~아니다 / 저 사람은 / 프레드의 누나?
Is **that** Fred's sister?
~아니다 / 저 사람들은 / 프레드의 누나들? — 명사의 소유격: -'s
Are those Fred's sisters?

Word Check

d r e s s

b r o t h e r

s i s t e r

83

저것들은 그의 신발들이다.
11 _Those_ __ are his shoes.

> 신발 한 짝은 shoe,
> 두 짝 다 있으면 shoes

저것들은 그의 신발들이니?
12 _Are_ __ those __ his shoes?

이것은 그의 신발들이니?
13 _Are_ these _his_ shoes __ ?

이것은 그의 신발이니?
14 Is __ this __ his shoe?

이것은 네 신발이니?
15 Is this your shoe?

이것은 네 재킷이니?
16 Is __ this __ your jacket?

이것들은 네 재킷들이니?
17 Are these your jackets?

이것들은 네 드레스들이니?
18 Are __ these __ your __ dresses?

알아두면 좋아요
hat과 cap의 차이는 뭘까?
그림으로 알아보자.
챙이 360° 다 있는 것은 hat
앞쪽에만 챙이 있는 것은 cap

---

03 문장이 써지면 이 영문법은 OK!

저것은 제인의 모자이다.
1 _That_ is Jane's hat.

저것들은 제인의 모자들이다.
2 Those _are_ Jane's hats.

저것들은 제인의 모자들이다.
3 Those _are_ Jane's caps.

저것은 제인의 모자이다.
4 _That_ is Jane's cap.

저것은 존의 모자이다.
5 _That_ _is_ John's cap.

저것은 존의 발이다.
6 That is John's foot.

이것은 존의 발이다.
7 This _is_ John's foot.

> 한쪽 발은 foot,
> 양쪽은 feet

이것들은 존의 발들이다.
8 These _are_ John's _feet_.

이것들은 그의 발들이다.
9 These _are_ his __ feet.

저것들은 그의 발들이다.
10 Those are his feet.

16 | That cap is yours.

01 비교하면 답이 보인다!

1
이것은 /~이다/ 아름다운 드레스
This is a beautiful dress.
이 ____ dress ____ is beautiful.
드레스는 /~이다/ 아름다운

2
이것들은 /~이다/ 노란색 셔츠들
These are yellow shirts.
These ____ shirts ____ are yellow.
이 셔츠들은 /~이다/ 노란색인
└ 복수 명사 앞에는 these?가 필요해!

3
저것은 /~이다/ 시원한 티셔츠
That is a cool T-shirt.
That ____ T-shirt ____ is cool.
저 티셔츠는 /~이다/ 시원한

4
저 장갑은 /~이다/ 그의 것
That glove is his. (his = his glove)
Those ____ gloves are his. (his = his gloves)
저 장갑들은 /~이다/ 그의 것

5
이 모자는 /~이다/ 나의 것
These hats are mine. (mine = my hats)
This ____ hat is ____ mine ____. (mine = my hat)
이 모자들은 /~이다/ 나의 것

6
저 모자는 /~이다/ 그녀의 것
That cap is hers. (hers = her cap)
Those ____ caps are ____ hers ____. (hers = her cap)
저 모자들은 /~이다/ 그녀의 것
└ 복수 명사 앞에는 those?가 필요해!

Word Check
y e l l o w (노란색)
s h i r t (셔츠)
g l o v e s (장갑)

---

02 쓰다 보면 문법이 보인다!

1 That ____ shirt ____ is mine. (mine = my shirt)
저 셔츠는 /~이다 / 내 것

2 That ____ shirt ____ is yours. (yours = your shirt)
저 셔츠는 /~이다 / 너의 것

3 Those ____ shirts ____ are ____ yours ____. (yours = your shirts)
저 셔츠들은 /~이다 / 너의 것

4 Those ____ shirts ____ are ____ his. (his = his shirts)
저 셔츠들은 /~이다 / 그의 것

5 Those jackets ____ are ____ his ____. (his = his jackets)
저 재킷들은 /~이다 / 그의 것

6 This ____ jacket is ____ his ____. (his = his jacket)
이 재킷은 /~이다 / 그의 것

7 This ____ black jacket ____ is ____ his. (his = his jacket)
이 검은색 재킷은 /~이다 / 그의 것
└ this와 명사 사이에 형용사를 넣어서 명사를 꾸며 줄 수 있어.

8 This ____ black ____ jacket ____ is hers. (hers = her jacket)
이 검은색 재킷은 /~이다 / 그녀의 것

9 These black coats are ____ hers ____. (hers = her coats)
이 검은색 코트들은 /~이다 / 그녀의 것

10 These ____ green ____ coats ____ are hers. (hers = her coats)
이 녹색 코트들은 /~이다 / 그녀의 것

문제로 문법 정리

각 표현에 알맞은 소유대명사를 찾아
선으로 연결하세요.

my coat • • hers

your jacket • • yours

her shirt • • mine

 03 문장이 써지면 이 영문법은 OK!

1 이 의자는 그녀의 것이야.
   This chair is hers.

2 이 의자는 나의 것이야.
   This chair is mine.

3 이 의자들은 나의 것들이야.
   These chairs are mine.

4 이 책상들은 나의 것들이야.
   These desks are mine.

5 이 책상은 그들의 것이야.
   This desk is theirs.

6 저 책상은 그들의 것이야.
   That desk is theirs.

7 저 책상은 그의 것이야.
   That desk is his.

8 저 드럼들은 그의 것이야.
   Those drums are his.

9 이 드럼들은 그의 것들이야.
   These drums are his.

10 이 드럼은 네 것이야.
   This drum is yours.

11 이 피아노는 네 것이야.
   This piano is yours.

12 저 피아노는 네 것이야.
   That piano is yours.

13 저 피아노들은 네 것들이야.
   Those pianos are yours.

14 저 작은 피아노들은 그녀의 것들이야.
   Those small pianos are hers.

15 이 작은 바이올린들은 그녀의 것들이야.
   These small violins are hers.

16 이 작은 바이올린은 우리의 것이야.
   This small violin is ours.

17 저 긴 플루트가 우리의 것이야.
   That long flute is ours.

18 저 긴 플루트들이 우리의 것이야.
   Those long flutes are ours.

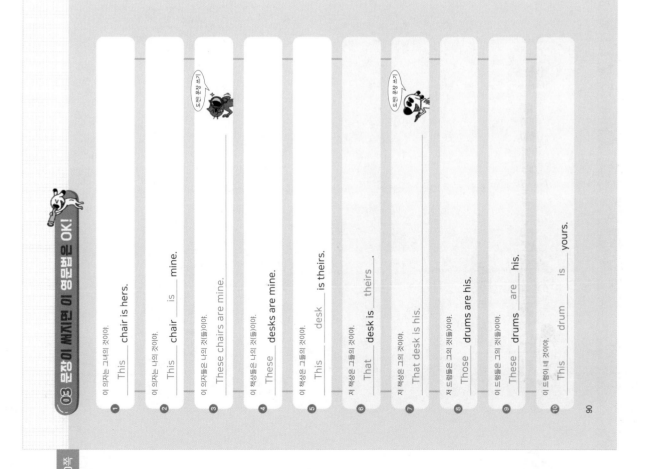

알아두면 좋아요

짝을 이루는 사물은 복수 명사로!

shoes 신발	boots 부츠	socks 양말
gloves 장갑	glasses 안경	pants 바지
ears 귀	eyes 눈	hands 손
feet 발		

신발, 양말 등은 2개를 짝을 이루어 쓰잖아. 그래서 보통 복수 명사로 쓰지. 손, 귀, 눈, 발도 2개씩 있으니까 일반적인 상황에서 말할 경우는 마찬가지로 복수 명사로 써. 그런 대신 한 짝 혹은 한 개만 가리켜 말할 경우는 a shoe, a boot, a sock, a glove, an ear, an eye, a hand, a foot처럼 단수 명사로 써야 해.

17 | 명사·인칭대명사·this/that 총정리

바빠 영문법 **17**일 **명사·인칭대명사·this/that 총정리**
Units 12~16 복습
Unit 17 듣기

01 비교하면 답이 보인다!

1.
그것의 지붕은 /~이다/ 빨간색인.
Its roof is red.
그것의 지붕들은 ___ Its ___ roofs ___ are red.
└ roof의 복수형은 -f로 끝나도 -s만 붙여 roofs!

2.
네 물고기는 /~이다/ 색깔이 화려한.
Your fish is colorful.
그들의 물고기들은 ___ Their ___ fish ___ are colorful.
그들의 물고기들은 /~이다/ 색깔이 화려한.

3.
이 사람은 /~이다/ 나의 형.
This is ___ my ___ brother.
이 사람들은 /~이다/ 그의 형들.
These ___ are his brothers.

4.
저 사람은 /~이다/ 그녀의 아이.
That ___ is ___ her ___ child.
저 사람들은 /~이다/ 우리의 아이들.
Those are our ___ children.

5.
이 상자는 /~이다/ 너의 것.
This ___ box is ___ yours.
이 상자들은 /~이다/ 그들의 것.
These ___ boxes ___ are theirs.

6.
저 양은 /~이다/ 그녀의 것.
That ___ sheep is ___ hers.
저 양들은 /~이다/ 나의 것.
Those ___ sheep ___ are ___ mine.

02 써 보면 문법이 보인다!

1. 이것은 내 칼이다.
___ This ___ is ___ my knife.

2. 이것들은 내 칼들이다.
These are ___ my ___ knives ___.

3. 이 칼들은 내 것들이다.
These ___ knives ___ are mine.

4. 이 숟가락들은 내 것들이다.
These spoons are ___ mine ___.

5. 저것들은 내 것들이다.
___ Those ___ spoons are mine.

6. 저 숟가락들은 그의 것들이다.
Those ___ spoons ___ are ___ his.

7. 저것들은 그의 숟가락들이다.
___ Those are his spoons.

8. 저것은 그의 숟가락이다.
___ That ___ is ___ his spoon.

9. 저것은 그녀의 포크이다.
That is ___ her ___ fork.

알아두면 좋아요

주의해야 할 복수 명사 (1)

baby – babies	city – cities
knife – knives	leaf – leaves
roof – roofs	

03 문장이 써지면 이 응용법은 OK!

> **알아두면 좋아요**
> 주의해야 할 복수 명사 (3)
> tomato — tomatoes
> potato — potatoes

1 That piano is ___theirs___.
저 피아노는 그들의 것이야.

2 Those ___pianos___ are theirs.
저 피아노들은 그들의 것이야.

3 Those ___tomatoes___ are theirs.
저 토마토들은 그들의 것이야.

4 Those ___tomatoes___ are ours.
저 토마토들은 우리의 것이야.

5 Those ___potatoes___ are ___ours___.
저 감자들은 우리의 것이야.

6 That potato is ours.
저 감자는 우리의 것이야.

7 That is ___our___ potato.
저것은 우리의 감자야.

8 That ___is her___ radio.
저것은 그녀의 라디오야.

9 This ___is___ ___her___ radio.
이것은 그녀의 라디오야.

10 These ___are___ her ___radios___.
이것들은 그녀의 라디오들이야.

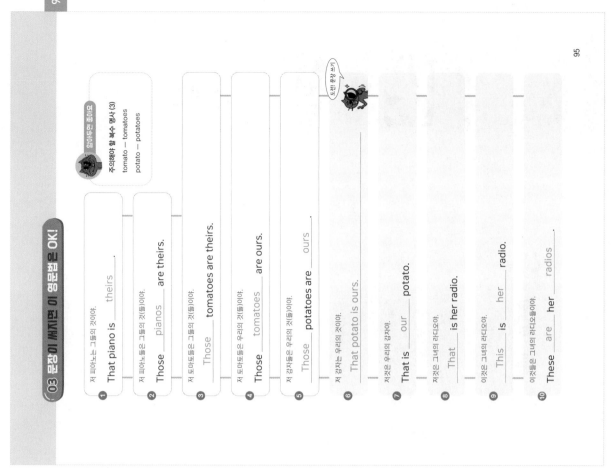

> **알아두면 좋아요**
> 주의해야 할 복수 명사 (2)
> box — boxes   bus — buses
> dish — dishes   watch — watches
> photo — photos   radio — radios
> piano — pianos

10 That ___fork___ ___is___ ___hers___.
저 포크는 그녀의 것이다.

11 Those ___forks___ are ___hers___.
저 포크들은 그녀의 것이다.

12 Those ___are her forks___.
저것들은 그녀의 포크들이다.

13 Those ___are___ your dishes.
저것들은 너의 접시들이다.

14 These are ___your___ ___dishes___.
이것들은 너의 접시들이다.

15 These dishes are yours.
이 접시들은 너의 것이다.

16 This ___dish is yours___.
이 접시는 너의 것이다.

17 This ___dish___ ___is___ theirs.
이 접시는 그들의 것이다.

18 This is their dish.
이것은 그들의 접시이다.

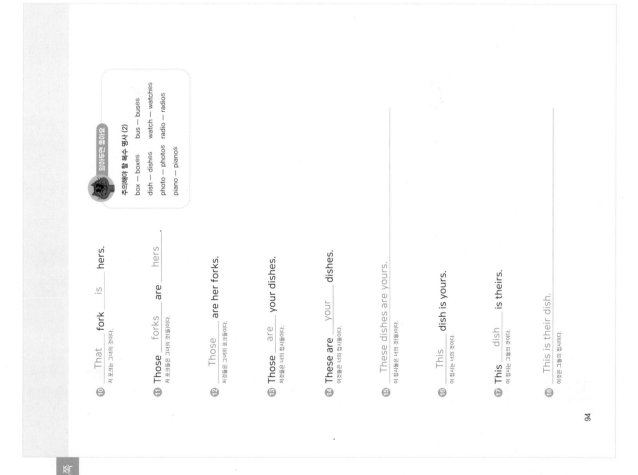

Word Check

h o m e w o r k

과일
f r u i t

테니스
t e n n i s

01 비교하면 답이 보인다!

괄호 안의 동사를 알맞은 형태로 바꿔 쓰세요.

① He **does** his homework.
그는 / 한다(do) / 그의 숙제를.

② It **likes** fruit.
그것은 / 좋아한다(like) / 과일을.

③ John **studies** science.
존은 / 공부한다(study) / 과학을.

④ Jane **has** a blue bag.
제인은 / 갖고 있다(have) / 파란색 가방을.

⑤ Mr. Brown **teaches** history.
브라운 씨는 / 가르친다(teach) / 역사를.

⑥ Fred **goes** to school.
프레드는 / 간다(go) / 학교에.

⑦ Susie **plays** tennis.
수지는 / 한다(play) / 테니스를.

⑧ The baby **cries** .
그 아기는 / 운다(cry).

⑨ He **enjoys** movies.
그는 / 즐긴다(enjoy) / 영화를.

⑩ Ms. Smith **kisses** her baby.
스미스 씨는 / 키스한다(kiss) / 그녀의 아기에게.

---

⑪ 이 라디오들은 그녀의 것들이야.
These **radios are** **hers** .

⑫ 이 시계들은 그녀의 것들이야.
These watches are hers.

도전! 문장 쓰기

⑬ 이 시계는 그녀의 것이야.
This **watch is hers.**

⑭ 이 사슴은 그의 것이야.
This deer **is** **his** .

⑮ 이 사슴들은 그의 것들이야.
These **deer** **are his.**

⑯ 이것들은 그의 사슴들이야.
These are **his** **deer.**

⑰ 이 사람들은 그의 아이들이야.
These **are** **his children.**

⑱ 이 사람은 그의 아이야.
This is his child.

도전! 문장 쓰기

알아두면 좋아요
주의해야 할 복수 명사 (4)

actress – actresses	person – people	man – men	woman – women
child – children	mouse – mice	tooth – teeth	fish – fish
deer – deer	sheep – sheep		

02 쓰다 보면 문법이 보인다!

① She **studies** math.
그녀는 / 공부한다 / 수학을.

② They **study** math.
그들은 / 공부한다 / 수학을.

③ They **teach** math.
그들은 / 가르친다 / 수학을.

④ Ms. Miller **teaches** math.
밀러 씨는 / 가르친다 / 수학을.

⑤ Ms. Miller **likes** English.
밀러 씨는 / 좋아한다 / 영어를.

⑥ John and I **like** English.
존과 나는 / 좋아한다 / 영어를.

⑦ John **reads** English.
존은 / 읽는다 / 영어를.

⑧ We **read** English.
우리는 / 읽는다 / 영어를.

⑨ We **buy** an English book.
우리는 / 산다 / 영어 책을.

⑩ John **buys** a history book.
존은 / 산다 / 역사 책을.

엄마든 돌아요

관사 the를 쓰지 않는 경우
과목 이름 앞에 관사 the를 쓰지 않아.

I study math. (O)
I study the math. (×)

그 외에도 운동 경기, 식사, by+교통수단 이름 앞에는 관사를 쓰지 않아.

문제로 문법 정리

다음 동사의 3인칭 단수형을 쓰세요.

1. buy → **buys**
2. study → **studies**
3. go → **goes**
4. watch → **watches**

99

03 문장이 써지면 이 영문법은 OK!

① Susie **washes** her hands.
수지는 그녀의 손을 씻는다.

② We wash **our** **hands**.
우리는 우리의 손을 씻는다.

③ We **wash** **the fruit**.
우리는 그 과일을 씻는다.

④ We **have the** **fruit**.
우리는 그 과일을 가지고 있다.

have/has의 주요 의미:
1. 가지고 있다
2. 먹다

⑤ We **have** **lunch**.
우리는 점심을 먹는다.

⑥ He has lunch.
그는 점심을 먹는다.

⑦ He **has** **a shirt**.
그는 셔츠를 가지고 있다.

⑧ My **brother has** **a** shirt.
나의 오빠는 셔츠를 가지고 있다.

⑨ My **brother** **wants a shirt**.
나의 오빠는 셔츠를 원한다.

⑩ They want a shirt.
그들은 셔츠를 원한다.

100

Word Check

p a r e n t s

d r i n k

d a u g h t e r

01 비교하며 단어 익히기

나는 / 사랑한다 / 나의 부모님을
I love my parents.

① I love them.
나는 / 사랑한다 / 그들을

② 그들은 / 마신다 / 그 우유를
They drink the milk.
They drink it.
그들은 / 마신다 / 그것을

③ 그녀는 / 만난다 / 브라운 씨를
She meets Mr. Brown.
She meets him.
그녀는 / 만난다 / 그를

④ 그는 / 좋아한다 / 프레드와 나를
He likes Fred and me.
He likes us.
그는 / 좋아한다 / 우리를

⑤ 나는 / 키스한다 / 나의 딸에게
I kiss my daughter.
I kiss her.
나는 / 키스한다 / 그녀에게

⑥ 그는 / 방문한다 / 나를.
He visits me.
He visits you.
그는 / 방문한다 / 너를.

---

⑪ 나의 언니는 드레스를 원한다.
My sister wants a dress.

⑫ 나의 언니는 드레스를 입어 본다.
My sister tries a dress.

⑬ 그녀는 드레스를 입어 본다.
She tries a dress.

⑭ 나의 엄마는 드레스를 입어 본다.
My mother tries a dress.

⑮ 나의 엄마는 드레스를 산다.
My mother buys a dress.

⑯ 나는 드레스를 산다.
I buy a dress.

⑰ 나는 드레스들을 무척 좋아한다.
I love dresses.

⑱ 그녀는 드레스들을 무척 좋아한다.
She loves dresses.

도전 문장 쓰기

읽어두면 좋아요

필수 단어 wash 씻다 fruit 과일 lunch 점심 want 원하다 try 노력하다, 시도하다 buy 사다 love 무척 좋아하다, 사랑하다
옷의 종류를 나타내는 단어 T-shirt 티셔츠 shirt 셔츠, 와이셔츠 blouse 블라우스 sweater 스웨터 coat 코트 jacket 재킷 jumper 점파, 점퍼 dress 원피스, 드레스 skirt 치마 pants 바지 jeans 청바지 shorts 반바지

02 써다 보면 문법이 저절로!

1. I meet ___ her ___ every day.
   나는 / 만난다 / 그녀를 / 매일.

2. I ___ meet ___ them ___ every day.
   나는 / 만난다 / 그들을 / 매일.

3. I ___ meet ___ him ___ every day.
   나는 / 만난다 / 그를 / 매일.

4. I call ___ him ___ every ___ day ___.
   나는 / 전화한다 / 그에게 / 매일.

5. She ___ calls ___ him ___ every day.
   그녀는 / 전화한다 / 그에게 / 매일.

6. ___ She calls us every day.
   그녀는 / 전화한다 / 우리에게 / 매일.

   see의 여러 가지 뜻: 1. 보다 2. 만나다 3. 알다

7. She sees ___ us ___ every day.
   그녀는 / 만난다[본다] / 우리를 / 매일.

8. ___ She ___ sees ___ me ___ every day.
   그녀는 / 만난다[본다] / 나를 / 매일.

9. He ___ loves ___ me ___ very much.
   그는 / 사랑한다 / 나를 / 매우 많이.

10. He ___ loves ___ you ___ very much.
    그는 / 사랑한다 / 너를 / 매우 많이.

11. He ___ loves ___ them ___ very much.
    그는 / 사랑한다 / 그들을 / 매우 많이.

12. ___ He loves it very much.
    그는 / 사랑한다 / 그것을 / 매우 많이.

문제로 문법 정리

다음 주격 대명사의 목적격 대명사를 빈칸에 쓰세요.

주격 대명사		목적격 대명사
we	→	us
she	→	her
I	→	me
they	→	them
he	→	him
you	→	you
it	→	it

104

03 문장이 써지면 이 영문법은 OK!

1. She sees ___ him ___ at the park.
   그녀는 공원에서 그를 만난다[본다]. ┌ at: (장소)에서

2. She ___ sees ___ us at the ___ park ___.
   그녀는 공원에서 우리를 만난다[본다].

3. ___ She ___ meets ___ them ___ at the park.
   그녀는 공원에서 그들을 만난다.

4. They ___ meet ___ us ___ at the park.
   그들은 공원에서 우리를 만난다.

5. They ___ meet her ___ at ___ the ___ park ___.
   그들은 공원에서 그녀를 만난다.

6. He meets her at the park.
   그는 공원에서 그녀를 만난다.

   도전! 문장 쓰기

7. He ___ goes with ___ her ___ to the park.
   그는 공원에 그녀와 함께 간다. ┌ to: (장소)로, (장소)에

8. He ___ goes ___ with ___ them ___ to the park.
   그는 공원에 그들과 함께 간다.
   with~와 함께는 전치사로 뒤에는 목적격을 써.

9. I ___ go ___ with ___ them ___ to the park.
   나는 공원에 그들과 함께 간다.

10. I go with him to the park.
    나는 공원에 그와 함께 간다.

    도전! 문장 쓰기

105

Word Check

learn 배우다

speak 말하다

read 읽다

write (글을+쓰) 쓰다

01 비교하면 답이 보인다!

1. 나는 / 배우지 않는다 / 중국어를.
I do not learn Chinese.
She ___ does ___ not ___ learn Chinese.
그녀는 / 배우지 않는다 / 중국어를.

2. 당신은 / 가르치지 않는다 / 영어를.
You ___ do ___ not ___ teach English.
Mr. Brown ___ does ___ not ___ teach English.
브라운 씨는 / 가르치지 않는다

3. 그들은 / 말하지 못한다 / 프랑스어를.
They ___ do ___ not ___ speak French.
John ___ does ___ not ___ speak French.
존은 / 말하지 못한다

4. 우리는 / 공부하지 않는다 / 스페인어를.
We ___ do ___ not ___ study Spanish.
He ___ does ___ not ___ study Spanish.
그는 / 공부하지 않는다

5. 프레드와 존은 / 읽지 않는다 / 스페인어를.
Fred and John ___ do ___ not ___ read Spanish.
Fred ___ does ___ not ___ read Spanish.
프레드는 / 읽지 않는다

6. 제인과 수지는 / 쓰지 않는다 / 프랑스어를.
Jane and Susie ___ do ___ not ___ write French.
Jane ___ does ___ not ___ write French.
제인은 / 쓰지 않는다

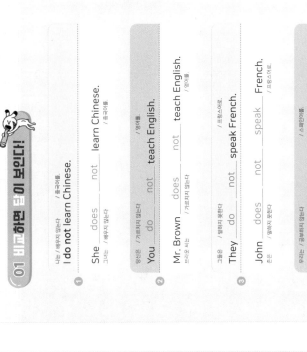

11. 나는 파티에 그와 함께 간다.
___I__ ___go__ with ___him___ to the party.

12. 그녀는 파티에 나와 함께 간다.
She ___goes___ with ___me___ to the party.

13. 그녀는 파티에 나를 초대한다.
She invites ___me___ to the ___party___.

14. 그녀는 파티에 너를 초대한다.
She ___invites___ you ___to___ ___the___ ___party___.

15. 그들은 파티에 너를 초대한다.
___They___ ___invite___ ___you___ to the party.

16. 그들은 파티에 그를 초대한다.
___They invite him to the party.___

17. 그들은 파티에 우리를 초대한다.
They invite ___us___ to the party.

18. 그들은 파티에서 우리와 춤춘다.
___They___ ___dance___ with ___us___ at the party.

도전! 문장 쓰기

알아두면 좋아요

필수 단어 see 만나다, 보다 meet 만나다 with ~와 함께 to (장소로) party 파티 invite 초대하다 dance 춤추다

02 쓰다 보면 문법이 보인다!

1 She does not speak Japanese.
그녀는 / 말하지 못한다 / 일본어를

2 They do not speak Japanese.
그들은 / 말하지 못한다 / 일본어를

3 They do not learn Japanese.
그들은 / 배우지 않는다 / 일본어를

4 He does not learn Russian.
그는 / 배우지 않는다 / 러시아어를

5 We do not learn Russian.
우리는 / 배우지 않는다 / 러시아어를

6 We do not study Russian.
우리는 / 공부하지 않는다 / 러시아어를

7 You do not study German.
너는 / 공부하지 않는다 / 독일어를

8 Ms. Smith does not study German.
스미스 씨는 / 공부하지 않는다 / 독일어를

9 Ms. Smith does not write German.
스미스 씨는 / 쓰지 않는다 / 독일어를

10 I do not write German.
나는 / 쓰지 않는다 / 독일어를

문제로 문법 정리

다음 문장을 부정문으로 바꿔 쓸 때
빈칸에 알맞은 말을 쓰세요.

1. She learns English.
→ She does not learn English.

2. They study Chinese.
→ They do not study Chinese.

109

03 문장이 써지면 이 영문법은 OK!

<do/does + not>으로 좋을말로 쓰세요.

도전! 문장 쓰기

1 나는 6시에 일어나지 않는다.
I don't get up at 6:00.

2 수지는 6시에 일어나지 않는다.
Susie doesn't get up at 6:00.

3 존은 6시에 일어나지 않는다.
John doesn't get up at 6:00.

4 그들은 7시에 일어나지 않는다.
They don't get up at 7:00.

5 그들은 7시에 샤워하지 않는다.
They don't take a shower at 7:00.

6 프레드도 7시에 샤워하지 않는다.
Fred doesn't take a shower at 7:00.

7 그는 8시에 샤워하지 않는다.
He doesn't take a shower at 8:00.

8 그는 8시에 아침을 먹지 않는다.
He doesn't eat breakfast at 8:00.

9 우리는 9시에 아침을 먹지 않는다.
We don't eat breakfast at 9:00.

10 제인과 나는 9시에 TV를 보지 않는다.
Jane and I don't watch TV at 9:00.

110

21 | 일반동사·목적격 인칭대명사 정리

Word Check

meet 만나다
m e e t

dance 춤추다
d a n c e

play 놀다
p l a y

01 비교하면 달이 보인다!

<do/does + not>은 일반동사 앞에 쓰세요.

① 나는 사랑한다 / 그녀를.
I love her. 나는 / 사랑한다 / 그녀를
I don't love her. 나는 / 사랑하지 않는다 / 그녀를

② 우리는 / 만난다 / 그들을 / 매일.
We meet them every day. 우리는 / 만난다 / 그들을 / 매일
We don't meet them every day. 우리는 / 만나지 않는다 / 그들을 / 매일

③ 그들은 / 가르친다 / 그를 / 집에서.
They teach him at home. 그들은 / 가르친다 / 그를 / 집에서
They don't teach him at home. 그들은 / 가르치지 않는다

④ 그는 / 이야기한다 / 우리와.
He talks with us. 그는 / 이야기한다 / 우리와
He doesn't talk with us. 그는 / 이야기하지 않는다

⑤ 그녀는 / 춤춘다 / 나와.
She dances with me. 그녀는 / 춤춘다 / 나와
She doesn't dance with me. 그녀는 / 춤추지 않는다

⑥ 네 개는 / 논다 / 너와.
Your dog plays with you. 네 개는 / 논다 / 너와
Your dog doesn't play with you. 놀지 않는다

---

⑪ 그녀는 9시에 TV를 보지 않는다.
She doesn't watch TV at 9:00.

⑫ 브라운 씨는 10시에 TV를 보지 않는다.
Mr. Brown doesn't watch TV at 10:00.

⑬ 브라운 씨는 10시에 낮잠을 자지 않는다.
Mr. Brown doesn't take a nap at 10:00.

⑭ 존의 여동생은 10시에 낮잠을 자지 않는다.
John's sister doesn't take a nap at 10:00.

⑮ 나는 11시에 낮잠을 자지 않는다.
I don't take a nap at 11:00.

⑯ 나는 11시에 책을 읽지 않는다.
I don't read a book at 11:00.

⑰ 수지의 남동생은 11시에 책을 읽지 않는다.
Susie's brother doesn't read a book at 11:00.

⑱ 나는 12시에 책을 읽지 않는다.
You don't read a book at 12:00.

도전! 문장 쓰기

알아두면 좋아요

필수 단어 learn 배우다 teach 가르치다 speak 말하다 write (글자를) 쓰다 get up (잠에서 깨어) 일어나다 take a shower 샤워하다 eat 먹다 watch 보다, 시청하다 take a nap 낮잠 자다 read 읽다
식사 명 breakfast 아침 (식사) lunch 점심 (식사) dinner 저녁 (식사)

02 써다 왼쪽 이 영문법

〈do/does + not 의 축약형〉

알아두면 좋아요 나라 이름과 언어를 알아보자

나라	언어
China	Chinese
France	French
Germany	German
Japan	Japanese
Russia	Russian
Spain	Spanish
The U.S.	English

① Jane doesn't speak Chinese.
제인은 중국어로 말하지 못한다.

② I don't speak Chinese ___.
나는 중국어로 말하지 못한다.

③ I speak Spanish.
나는 스페인어로 말한다.

④ I write Spanish ___.
나는 스페인어를 쓴다.

⑤ I don't write Spanish well.
나는 스페인어를 잘 쓰지 못한다.

⑥ He doesn't write Spanish well.
그는 스페인어를 잘 쓰지 못한다.

⑦ He writes French well.
그는 프랑스어를 잘 쓴다.

⑧ She reads French well.
그녀는 프랑스어를 잘 읽는다.

⑨ She doesn't ___ read ___ French well.
그녀는 프랑스어를 잘 읽지 못한다.

⑩ They don't ___ read ___ French well.
그들은 프랑스어를 잘 읽지 못한다.

03 문장이 써지면 이 영문법은 OK!

〈do/does + not 의 축약형〉

very much:
(긍정문) 매우, 아주, 몹시
(부정문) 별로, 그다지

① I ___ like ___ you very much.
나는 너를 매우 좋아한다.

② I ___ don't ___ like ___ you very much.
나는 너를 별로 좋아하지 않는다.

③ 그녀는 너를 별로 좋아하지 않는다.
She doesn't like you very much.

④ She ___ likes ___ us ___ very ___ much.
그녀는 우리를 매우 좋아한다.

⑤ She ___ loves ___ us ___ very much.
그녀는 우리를 매우 사랑한다.

⑥ She ___ doesn't ___ love us very much.
그녀는 우리를 별로 사랑하지 않는다.

⑦ She ___ doesn't ___ talk with us.
그녀는 우리와 이야기하지 않는다.

⑧ She ___ talks ___ with ___ him.
그녀는 그와 이야기한다.

⑨ 우리는 그와 이야기한다.
We talk with him.

⑩ We ___ don't ___ talk with ___ him ___.
우리는 그와 이야기하지 않는다.

도전! 문장 쓰기

01 비교하면 팀이 보인다!

① 그는 / ~이다 / 늦은
He is late.

He is always late.
그는 / ~이다 / 항상 / 늦은

② 나는 / 있다 / 집에
I am at home.

I am usually at home.
나는 / 있다 / 보통 / 집에

③ 그녀는 / 간다 / 수영하러
She goes swimming.

She often goes swimming.
그녀는 / 자주 / 간다 / 수영하러

④ 너는 / ~이다 / 틀린
You are wrong.

You are sometimes wrong.
너는 / ~이다 / 가끔 / 틀린

⑤ 내 사촌은 / 방문한다 / 나를
My cousin visits me.

My cousin hardly visits me.
내 사촌은 / 거의 ~아니다 / 방문한다 / 나를
[내 사촌은 나를 거의 방문하지 않는다.]

⑥ 우리는 / 한다 / 이 게임을
We play this game.

hardly와 never에는 '부정'의 의미가 있기 때문에 not과 함께 쓰지 않아.
We never play this game.
우리는 / 절대 ~아니다 / 한다 / 이 게임을
[우리는 절대 이 게임을 하지 않는다.]

118

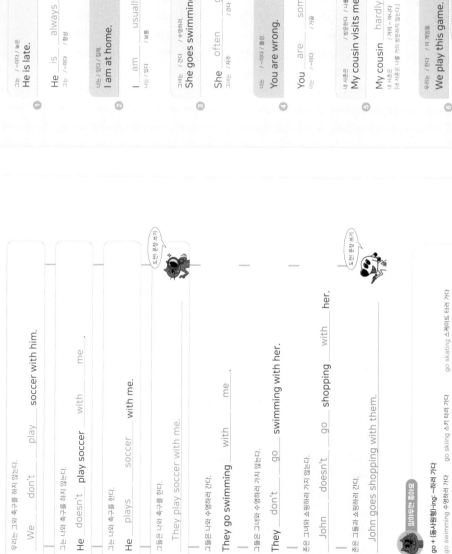

Word Check

l a t e

h o m e

c o u s i n

v i s i t

⑪ 우리는 그와 축구를 하지 않는다.
We don't play soccer with him.

⑫ 그는 나와 축구를 하지 않는다.
He doesn't play soccer with me .

⑬ 그는 나와 축구를 한다.
He plays soccer with me.

⑭ 그들은 나와 축구를 한다.
They play soccer with me.

⑮ 그들은 나와 수영하러 간다.
They go swimming with me .

⑯ 그들은 그녀와 수영하러 가지 않는다.
They don't go swimming with her.

⑰ 존은 그녀와 쇼핑하러 가지 않는다.
John doesn't go shopping with her.

⑱ 존은 그들과 쇼핑하러 간다.
John goes shopping with them.

도전! 문장 쓰기

알아두면 좋아요

go + (동사변형)-ing: ~하러 가다

go swimming 수영하러 가다   go skiing 스키 타러 가다   go skating 스케이트 타러 가다
go jogging 조깅하러 가다   go shopping 쇼핑하러 가다   go camping 캠핑하러 가다
go fishing 낚시하러 가다   go hiking 하이킹하러 가다   go climbing 등산하러 가다

116

03 문장이 써지면 이 영문법은 OK!

1. 나의 사촌은 보통 정오에 점심을 먹는다.
My cousin __usually__ has lunch at noon.

2. 나는 보통 정오에 점심을 먹는다.
I __usually__ have lunch at noon.

3. 나는 종종 정오에 점심을 먹는다.
I __often__ have lunch at noon.

4. 나는 종종 도서관에 간다.
I __often__ __go__ to the library.

5. 내 여동생은 종종 도서관에 간다.
My sister __often__ __goes__ to the __library__ .

6. 내 여동생은 거의 도서관에 가지 않는다.
My sister hardly __goes__ to the library.

7. 내 여동생은 거의 테니스를 치지 않는다.
My sister __hardly__ __plays__ __tennis__ .

8. 그들은 거의 테니스를 치지 않는다.
__They hardly play tennis.__

9. 그들은 거의 수업에 지각하지 않는다.
They are __hardly__ late for class.

└─ late for: ~에 늦은

10. 그도 거의 수업에 지각하지 않는다.
He __is__ __hardly__ late for class.

도전! 문장 쓰기

120

---

02 쓰기만 해도 문법이 저절로!

1. I __am__ __often__ __lazy.__
나는 / ~이다 / 자주 / 게으른

2. They __are__ __often__ __lazy.__
그들은 / ~이다 / 자주 / 게으른

3. They __are__ __usually__ __lazy.__
그들은 / ~이다 / 대개 / 게으른

4. John __is__ __usually__ __lazy__ .
존은 / ~이다 / 대개 / 게으른

5. John is __usually__ __at home.__
존은 / 있다 / 보통 / 집에

6. John __is__ __always__ __at home.__
존은 / 있다 / 항상 / 집에

7. John __always__ __watches__ __TV at home.__
존은 / 항상 / 본다 / TV를 / 집에서

8. We __always__ __watch TV__ __at__ __home.__
우리는 / 항상 / 본다 / TV를 / 집에서

9. We __sometimes__ __watch__ __TV__ __at home.__
우리는 / 가끔 / 본다 / TV를 / 집에서

10. We __sometimes__ __go__ __shopping.__
우리는 / 가끔 / 간다 / 쇼핑을

11. She __sometimes__ __goes__ __shopping.__
그녀는 / 가끔 / 간다 / 쇼핑을

12. She __never__ __goes__ __shopping__ .
그녀는 / 절대 ~ 아니다 / 간다 / 쇼핑을
[그녀는 절대로 쇼핑하러 가지 않는다.]

문제로 문법 정리

다음 빈도 부사의 우리말 뜻을 쓰세요.

1. sometimes __가끔, 때때로__
2. usually __보통, 대개__
3. never __절대 ~ 아니다__
4. always __항상__
5. hardly __거의 ~ 아니다__
6. often __자주, 종종__

Word Check

e x e r c i s e

l u n c h

n o o n

c a r r o t

01 비교하면 답이 보인다!

① 나는 / 언다 / 너를.
I know you.
<u>Do</u>   I know you?
-하니 / 알다 / 너를?

② 나는 / 먹는다 / 고기를
You eat meat.
<u>Do</u>   you   eat   meat?
-하니 / 너는 / 고기를?

③ 그들은 / 운동한다 / 매일.
They exercise every day.
<u>Do</u>   they   exercise   every day?
-하니 / 그들은 / 운동하다 / 매일?

④ 그는 / 먹는다 / 점심을 / 정오에.
He has lunch at noon.
<u>Does</u>   he   <u>have</u>   lunch at noon?
-하니 / 그는 / 먹다 / 점심을 / 정오에?

⑤ 그녀는 / 간다 / 수영하러 / 매일.
She goes swimming every day.
<u>Does</u>   she   <u>go</u>   swimming every day?
-하니 / 그녀는 / 가다 / 수영하러 / 매일?

⑥ 너의 개는 / 좋아한다 / 당근을.
Your dog likes carrots.
<u>Does</u>   <u>your</u> dog   <u>like</u>   carrots?
-하니 / 너의 개는 / 좋아하다 / 당근을?

123

---

⑪ 그는 가끔 수업에 지각한다.
He   <u>is</u>   <u>sometimes</u>   <u>late</u>   for class.

⑫ 우리는 가끔 수업에 지각한다.
We are sometimes late for class.

⑬ 우리는 절대 수업에 지각하지 않는다.
We are never   <u>late</u>   <u>for</u>   class   .

⑭ 그녀는 절대 수업에 지각하지 않는다.
She   <u>is</u>   <u>never</u>   <u>late</u>   for class.

⑮ 그녀는 절대 야구를 하지 않는다.
She   <u>never</u>   <u>plays</u>   baseball.

⑯ 그녀는 항상 야구를 한다.
She   <u>always</u>   <u>plays</u>   baseball.

⑰ 그녀는 항상 수학을 공부한다.
She always studies math.

⑱ 그녀의 사촌들은 항상 수학을 공부한다.
Her cousins always study math.

도전! 문장 쓰기

읽어두면 좋아요

빈도 부사의 위치, 다시 한 번 확인하자!

be동사 뒤	일반동사 앞
I am always busy.	My brother usually plays soccer.
I am sometimes busy.	My brother often plays soccer.
I am never busy.	My brother hardly plays soccer.

121

03 문장이 써지면 이 영문법은 OK!

*<Do/Does + you>는 축약형으로

① 나는 피아노를 연습하니?　　　응, 나는 그래.
__Do__ __you__ practice the piano? — Yes, I do.

② 나는 피아노를 자주 연습하니?　　　아니, 나는 안 그래.
__Do__ __you__ __often__ practice the piano? — No, I __don't__ .

③ 그녀는 피아노를 자주 연습하니?　　　아니, 그녀는 안 그래.
__Does__ __she__ __often__ __practice__ __the piano__? — __No__ , she doesn't.

④ 그녀는 바이올린을 자주 연습하니?　　　응, 그녀는 그래.
__Does__ __she__ __often__ __practice__ __the violin__? — __Yes__ , __she__ __does__ .

⑤ 그는 바이올린을 자주 연습하니?　　　응, 그는 그래.
Does he often practice the violin? — __Yes, he__ __does__ .

⑥ 그는 바이올린을 자주 켜니?　　　아니, 그는 안 그래.
┌ '악기를 연주한다'라고 할 때는 악기명 앞에 항상 the를 써.
Does __he__ __often__ __play the violin__? — No, __he__ __doesn't__ .

⑦ 그들은 드럼을 자주 치니?　　　응, 그들은 그래.
__Do__ __they__ __often__ __play the drums__? — Yes, __they__ __do__ .

---

02 쓰다 보면 문법이 저절로!

① __Does__ your sister get up early?
　~하니 / 네 언니는 / 일어나다 / 일찍?

② __Do__ __you__ __get__ __up__ __early__?
　~하니 / 너는 / 일어나다 / 일찍?

③ Do they get up early?
　~하니 / 그들은 / 일어나다 / 일찍?

④ __Do__ __they__ __go__ __to school__ __early__?
　~하니 / 그들은 / 가다 / 학교에 / 일찍?

⑤ __Does__ your brother __go__ __to school__ __early__?
　~하니 / 네 오빠는 / 가다 / 학교에 / 일찍?

⑥ Does your brother __play__ __soccer__?
　~하니 / 네 오빠는 / (경기를) 하다 / 축구를?

⑦ __Do__ __you__ __play__ __soccer__?
　~하니 / 너는 / (경기를) 하다 / 축구를?

⑧ __Do__ __you__ play the piano?
　~하니 / 너는 / (악기를) 연주하다 / 피아노를?

⑨ __Does__ __John__ __play__ __the__ piano ?
　~하니 / 존은 / (악기를) 연주하다 / 피아노를?

⑩ __Do__ __they__ __play__ the piano?
　~하니 / 그들은 / (악기를) 연주하다 / 피아노를?

문제로 문법 정리

괄호 안의 단어 중 알맞은 것을 고르세요.

1. (Do /(Does)) your mother eat meat?
2. ((Do)/ Does) they play baseball?

24 | 일반동사·목적격 인칭대명사·빈도 부사 총정리

Units 18~23 복습

바빠 영문법 24

일반동사·목적격 인칭대명사·빈도 부사 총정리

Unit 24 듣기

01 비교하면 답이 보인다!

①
나는 / ~이다 / 비로. / 바쁜.
I am busy.
I   am   usually   busy.
나는 / ~이다   / 보통   / 바쁜

②
우리는 / ~이다 / 늦은 / 학교에로.
We are late for school.
We   are   often   late for school.
우리는 / ~이다   / 자주   / 늦은 / 학교에로

③
그녀는 / 이야기한다 / 스미스 씨와.
She talks with Mr. Smith.
She   sometimes   talks with   him   .
그녀는 / 가끔   / 이야기한다 / 그와

④
너는 / 돌본다 / 네 개를.
You take care of your dog.
You   hardly   take care of   it   .
너는   / 거의 ~아니다   / 돌본다   / 그것을

take care of:
~을 돌보다

⑤
그는 / 만난다 / 그의 사촌들을.
He sees his cousins.
He   never   sees   them   .
그는   / 절대 ~아니다   / 만난다   / 그들을

---

⑧
네 누나는 드럼을 치니?
Does your sister   play   the   drums   ? — No,   she   doesn't.
아니, 그녀는 안 그래.

⑨
네 누나는 드럼을 매일 치니?
Does   your   sister   play   the drums every day? — Yes   , she does.
응, 그녀는 그래.

⑩
네 누나는 테니스를 매일 치니?
Does   your   sister   play tennis every day? — Yes,   she   does   .
응, 그녀는 그래.

play + 운동명: ~ 운동을 하다
play + the + 악기명: ~ 악기를 연주하다

⑪
너희는 테니스를 매일 치니?
Do you play tennis every day?   — Yes, we do.
응. 우리는 그래.

⑫
너희는 야구를 매일 하니?
Do   you   play   baseball every day? — No,   we   don't   .
아니, 우리는 안 그래.

⑬
네 형은 야구를 매일 하니?
Does   your   brother   play   baseball   every day? — Yes, he does.
응. 그도 그래.

⑭
그들은 야구를 매일 하니?
Do they play baseball every day?   — Yes, they   do   .
응. 그들은 그래.

02 Wh 의문문이 보여요

*〈주어(you + do/does)〉에 주의!

1 She likes us .
그녀는 우리를 좋아한다.

2 She talks with us .
그녀는 우리와 이야기한다.

3 She doesn't talk with us .
그녀는 우리와 이야기하지 않는다.

4 They don't talk with us .
그들은 우리와 이야기하지 않는다.

5 They don't talk with her .
그들은 그녀와 이야기하지 않는다.

6 They talk with her .
그들은 그녀와 이야기한다.

7 Do they talk with her ?
그들은 그녀와 이야기하니?

8 Do they take care of her ? — No, they don't .
그들은 그녀를 돌봐 주니? 아니, 그들은 안 그래.

9 Does he take care of her ? — Yes, he does .
그는 그녀를 돌봐 주니? 응, 그도 그래.

10 Does he take care of it? — No, he doesn't .
그는 그것을 돌봐 주니? 아니, 그는 안 그래.

---

6 그들은 / 사랑한다 / 존과 나를
They love John and me.
그들은 / 항상 / 사랑한다 / 우리를
They always love us .

7 나는 / 일어나다 / 일찍
I get up early.
나는 / 일어나지 않는다 / 일찍
I don't get up early.

8 프레드는 / 잠자리에 든다 / 11시에
Fred goes to bed at 11:00.
프레드는 / 잠자리에 들지 않는다 / 11시에
Fred doesn't go to bed at 11:00.

9 그들은 / 자주 / 영화 보러 간다
They often go to the movies.
~하니 / 그들은 / 자주 / 영화 보러 가다?
Do they often go to the movies?

10 그녀의 엄마는 / 집에 계신다 / 일요일마다
Her mother stays home on Sundays.
~하니 / 그녀의 / 엄마는 / 집에 계시다 / 일요일마다?
Does her mother stay home on Sundays?

11 나는 / 대개 / 수영하러 간다 / 방과 후에
I usually go swimming after school.
~하니 / 너는 / 대개 / 수영하러 가다 / 방과 후에?
Do you usually go swimming after school?

after school: 방과 후에
at school: 수업 중, 학교에서

03 문장이 써지면 이 영문법은 OK!

1 그녀는 보통 그와 저녁을 먹어.
She usually has dinner with him.

2 그녀는 절대 그와 저녁을 먹지 않아.
She never has dinner with him.

3 그녀는 절대 설거지를 하지 않아.
She never does the dishes.
do the dishes = wash the dishes : 설거지하다

4 그녀는 종종 설거지를 해.
She often does the dishes.

5 그녀는 종종 저녁 식사 후에 그녀의 숙제를 해.
She often does her homework after dinner.

6 그들은 항상 저녁 식사 후에 그들의 숙제를 해.
They always do their homework after dinner.

도전! 문장 쓰기

7 그들은 항상 저녁 식사 후에 TV를 봐.
They always watch TV after dinner.

8 그들은 가끔 저녁 식사 전에 TV를 봐.
They sometimes watch TV before dinner.

9 스미스 씨는 가끔 저녁 식사 전에 TV를 봐.
Ms. Smith sometimes watches TV before dinner.

10 스미스 씨는 저녁 식사 전에 TV를 거의 안 봐.
Ms. Smith hardly watches TV before dinner.

도전! 문장 쓰기

---

11 Do you take care of it? — No, I don't.
너는 그것을 돌봐 주니? 아니, 나는 안 그래.

12 I don't take care of it.
나는 그것을 돌봐 주지 않는다.

13 I don't take care of him.
나는 그를 돌봐주지 않는다.

14 I don't feed him.
나는 그에게 먹이를 주지 않는다.

15 He doesn't feed them.
그는 그것들에게 먹이를 주지 않는다.

16 He feeds his dogs.
그는 그의 개들에게 먹이를 준다.

17 He walks his dogs.
그는 그의 개들을 산책시킨다.
walk: 걷다
walk one's dog: 개를 산책시키다
take a walk: 산책하다

18 We walk our dogs.
우리는 우리의 개들을 산책시킨다.

문제로 문법 정리

다음 <보기>와 같이 주어진 말을 목적격 인칭대명사로 바꿔 쓰세요.

보기 my father → him

1. your dogs → them
2. his home → it
3. their sister → her

알아두면 좋아요

필수 단어 talk with ~와 이야기하다 take care of ~을 돌보다 feed 먹이를 주다 walk 걷다, 산책시키다

25 | I need a little water. I need a few apples.

01 비교하면 답이 보인다!

money, water, ice, milk,
bread, cheese: 셀 수 없는 명사

1
우리는 / 가지고 있다 / 약간의 / 돈을
We have a little money.

We have a ___few___ coins.
우리는 / 가지고 있다 / 약간의 / 몇 개의 / 동전들을

2
그녀는 / 필요로 한다 / 약간의 / 물을
She needs a ___little___ water.

coin, cup, glass, apple,
cookie, cake: 셀 수 있는 명사

She needs a ___few___ cups.
그녀는 / 필요로 한다 / 약간의 / 몇 개의 / 컵들을

3
그들은 / 원한다 / 약간의 / 얼음을
They want a ___little___ ice.

They want a ___few___ glasses.
그들은 / 원한다 / 약간의 / 몇 개의 / 우리잔들을

4
있다 / 약간의 / 우유가 / 여기에
There is a ___little___ milk here.

There are a ___few___ apples here.
있다 / 몇 개의 / 사과들이 / 여기에

5
있다 / 약간의 / 빵이 / 테이블 위에
There is a ___little___ bread on the table.

There are a ___few___ cookies on the table.
있다 / 몇 개의 / 쿠키들이 / 테이블 위에

6
있다 / 약간의 / 치즈가 / 접시 위에
There is a ___little___ cheese on the plate.

There are a ___few___ cakes on the plate.
있다 / 몇 개의 / 케이크들이 / 접시 위에

Word Check

money 돈
m o n e y

water 물
w a t e r

table 테이블/탁자
t a b l e

cheese 치즈
c h e e s e

133

---

02 또다시 보면 윤곽이 보인다!

셀 수 없는 명사: water 물, salt 소금, sugar 설탕, flour 밀가루
셀 수 있는 명사: egg 계란, banana 바나나, carrot 당근

1 There is ___a___ ___little___ ___water___ in the jar.
있다 / 약간의 물이 / 병 안에.

2 There ___is___ ___a little___ ___salt___ in the ___jar___ .
있다 / 약간의 소금이 / 병 안에.

3 There ___are___ ___a___ ___few___ eggs in the jar.
있다 / 몇 개의 계란들이 / 병 안에.

4 There are ___a___ ___few___ ___eggs___ on the plate.
있다 / 몇 개의 계란들이 / 접시 위에.

5 ___There___ ___are___ ___a___ ___few___ bananas on the plate.
있다 / 몇 개의 바나나들이 / 접시 위에.

6 There ___is___ ___a little___ sugar on the ___plate___ .
있다 / 약간의 설탕이 / 접시 위에.

7 There is ___a___ ___little___ sugar ___here___ .
있다 / 약간의 설탕이 / 여기에.

8 There is ___a___ ___little___ flour here.
있다 / 약간의 밀가루가 / 여기에.

9 There ___are___ ___a___ ___few___ carrots ___here___ .
있다 / 몇 개의 당근들이 / 여기에.

10 There are ___a___ ___few___ carrots in the bowl.
있다 / 몇 개의 당근들이 / 그릇 안에.

문제로 문법 정리

다음 <보기>의 단어들을 해당하는 칸에 쓰세요.

보기
tea	apples	glasses
rice	boxes	cheese
cups		juice

a few → apples　glasses
boxes　cups

a little → tea　rice
juice　cheese

134

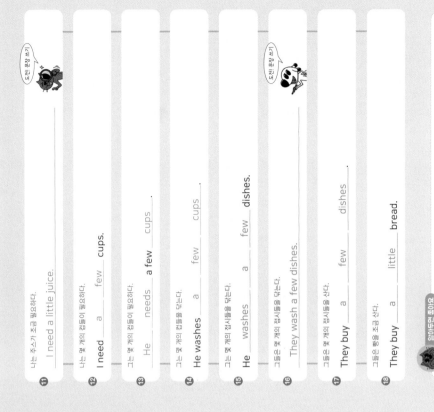

03 문장이 써지면 이 영문법은 OK!

① 존은 몇 명의 사촌들이 있다.
John has a few cousins.

② 존은 몇 명의 삼촌들이 있다.
John has a few uncles.

③ 우리는 몇 명의 삼촌들이 있다.
We have a few uncles.

④ 우리는 몇 명의 이모들이 있다.
We have a few aunts.

⑤ 수지는 몇 명의 이모들이 있다.
Susie has a few aunts.

⑥ 수지는 돈이 조금 있다.
Susie has a little money.

⑦ 수지는 약간의 돈을 원한다.
Susie wants a little money.

⑧ 수지는 얼음을 조금 원한다.
Susie wants a little ice.

⑨ 나는 얼음을 조금 원한다.
I want a little ice.

⑩ 나는 주스를 조금 원한다.
I want a little juice.

⑪ 나는 주스가 조금 필요하다.
I need a little juice.

⑫ 나는 몇 개의 컵들이 필요하다.
I need a few cups.

⑬ 그는 몇 개의 컵들이 필요하다.
He needs a few cups.

⑭ 그는 몇 개의 컵들을 닦는다.
He washes a few cups.

⑮ 그는 몇 개의 접시들을 닦는다.
He washes a few dishes.

⑯ 그들은 몇 개의 접시들을 닦는다.
They wash a few dishes.

⑰ 그들은 몇 개의 접시들을 산다.
They buy a few dishes.

⑱ 그들은 빵을 조금 산다.
They buy a little bread.

알아두면 득이되요

가족을 나타내는 단어 father 아버지 mother 어머니 parents 부모님 cousin 사촌 uncle 삼촌, 외삼촌, 이모부, 고모부 aunt 이모, 고모, 숙모 son 아들 daughter 딸 brother 형, 오빠, 남동생 sister 언니, 누나, 여동생 grandfather 할아버지 grandmother 할머니 grandparents 조부모님

동사 단어 want 원하다 need 필요하다 wash 씻다 buy 사다

26 | I have little water. I have few apples.

01 비교하면 달이 보인다!

틀린 단어 안의 둘 중 알맞은 것을 고르세요.

1
우리는 / 가지고 있다 / 거의 없는 / (돈을 (= 돈이 거의 없다.))
We have (little)/ a little) money.
우리는 / 가지고 있다 / 거의 없는 / (동전을 (= 동전이 거의 없다.))
We have (few)/ a few) coins.

2
우리는 / 원한다 / 약간의 / (주스를.)
We want (a little)/ a few) juice.
우리는 / 원한다 / 약간의 / (주스를.)
We want (any /some) juice.

3
그녀는 / 필요하다 / 약간의 / 소금이.
She needs (a few / some) salt.
그녀는 / 필요하다 / 몇 개의 / 감자들이.
She needs (a little /some) potatoes.

4
그들은 / 필요하지 않다 / 조금도 / 설탕이.
They don't need (any / few) sugar.
그들은 / 필요하지 않다 / 조금도 (= 토마토들이 전혀 필요하지 않다.) / 토마토를.
They don't need (any / a little) tomatoes.

5
있니 / 약간의 / 우유가 / 냉장고 안에?
Is there (few / any) milk in the fridge?
있니 / 약간의 / 배들이 / 냉장고 안에?
Are there (little / any) pears in the fridge?

6
~하니 / 너는 / 원하다 / 약간의 / 치즈를?
Do you want (any / a few) cheese?
~하니 / 너는 / 원하다 / 약간의 / 당근들을?
Do you want (any / a little) carrots?

Word Check

c o i n 동전

s a l t 소금

s u g a r 설탕

t o m a t o 토마토

---

02 쓰다 보면 문법이 보인다!

1 There __is__ __little__ milk in the fridge.
있다 / 거의 없는 / 우유가 / 냉장고 안에.

2 There is __little__ __juice__ in the fridge.
있다 / 거의 없는 / 주스가 / 냉장고 안에.

3 There are __few__ eggs in the fridge.
있다 / 거의 없는 / 계란들이 / 냉장고 안에.

4 There __are__ __few__ __eggs__ in the fridge.
있다 / 거의 없는 / 계란들이 / 냉장고 안에.

5 There are __some__ __eggs__ in the basket.
있다 / 몇 개의 / 계란들이 / 바구니 안에.

6 There __aren't__ __any__ __eggs__ __in__ the basket.
있다 / 조금도 / 계란들이 / 바구니 안에.

7 There __aren't__ any eggs on the plate.
있다 / 조금도 / 계란들이 / 접시 위에.

8 There isn't __any__ bread __on__ __the__ __plate__.
있다 / 조금도 / 빵이 / 접시 위에.

9 There __isn't__ __any__ cheese on the plate.
있다 / 조금도 / 치즈가 / 접시 위에.

10 There __is__ __some__ __cheese__ on the plate.
있다 / 약간의 / 치즈가 / 접시 위에.

문제로 문법 정리

다음 보기에서 알맞은 단어를 골라 빈칸에 쓰세요.

보기: any few some

1. 그녀는 동전이 거의 없다.
She has __few__ coins.
2. 그녀는 동전을 몇 개 가지고 있다.
She has __some__ coins.
3. 그녀는 동전을 좀 가지고 있니?
Does she have __any__ coins?

03 문장이 써지면 이 응용법은 OK!

※ 일반동사 의문문은 〈do/does + not〉으로

❶ 나는 시간이 거의 없어.
I have little time.

❷ 그녀는 시간이 거의 없어.
She has little time.

❸ 그녀는 돈이 거의 없어.
She has little money.

❹ 그녀는 돈이 약간 있어.
She has some money.

❺ 그녀는 돈이 전혀 없어.
She doesn't have any money.

└ not 대신 no를 써서 She has no money.와 같이 표현할 수도 있어.

❻ 그녀는 돈이 전혀 필요 없어.
She doesn't need any money.

❼ 너는 돈이 전혀 필요 없구나.
You don't need any money.

❽ 너는 돈이 좀 필요하니?
Do you need any money?

❾ 너는 도움이 좀 필요하니?
Do you need any help?

❿ 그도 도움이 좀 필요하니?
Does he need any help?

140

⓫ 그도 돈이 좀 필요하니?
Does he need any coins?

⓬ 그는 돈이 약간 필요해.
He needs some coins.

⓭ 그는 돈 몇 개를 원해.
He wants some coins.

⓮ 그는 동전을 거의 원하지 않아.
He wants few coins.

⓯ 그는 동전을 조금도 원하지 않아. [도전! 문장 쓰기]
He doesn't want any coins.

⓰ 그들은 동전을 조금도 원하지 않아.
They don't want any coins.

⓱ 그들은 도움을 조금도 원하지 않아.
They don't want any help.

⓲ 그들은 약간의 도움을 원해. [도전! 문장 쓰기]
They want some help.

알아두면 좋아요

no를 써서 부정의 의미를 나타낼 수 있다

부정문을 만들 때 not 대신에 no를 쓸 수 있어. no는 '어떤 ~도 없는', '조금의 ~도 없는', '조금이 ~도 없는' 이라는 의미가 있어서 명사 바로 앞에 쓰고 not도 필요 없어. 아래 예문에서 보듯이 not ~ any 대신 no만 명사 앞에 넣어서 간단하게 부정문을 만들 수 있는 거지.

I do not have any money. = I have no money. 나는 돈이 (조금도) 없다.
There is not any milk. = There is no milk. 우유가 (조금도) 없다.

141

27 | I don't have much time. I don't have many coins.

Word Check

h e l p 도움

t i p 정보

t i m e 시간

f u n 즐거움·재미

01 비교하면 답이 보인다!

우리는 / 가지고 있다 / 많은 돈을
We have **a lot of** money.

❶
We have a lot of coins.
= We have ___many___ coins.
우리는 / 가지고 있다 / 많은 동전들을.

그는 / 필요하지 않다 / 많은 도움이
He doesn't need ___much___ help.
= He doesn't need **a lot of** help.
그는 / 필요하지 않다 / 많은 도움이.

❷
He doesn't need **many tips**.
= He doesn't need a ___lot___ of ___tips___.
그는 / 필요하지 않다 / 많은 정보들이.

~하니 / 너는 / 필요하다 / 많은 시간이?
Do you need **much time**?
= Do you need a ___lot___ of ___time___?

❸
Do you need **many coins**?
= Do you need a ___lot___ of ___coins___?
~하니 / 너는 / 필요하다 / 많은 동전들이?

~하니 / 그녀는 / 가지다 / 많은 재미를?[그녀는 재미있게 보내니?]
Does she have **a lot of fun**?
= Does she have ___much___ fun?

❹
Does she have **a lot of friends**?
= Does she have ___many___ friends?
~하니 / 그녀는 / 갖고 있다 / 많은 친구들을?[그녀는 친구들이 많니?]

02 쓰다 보면 문법이 보인다!

※ <do/does + not>은 줄임말로 쓰세요.

❶ He speaks a lot of languages.
그는 / 말한다 / 많은 언어로.

❷ He doesn't speak a lot of languages.
그는 / 말하지 못한다 / 많은 언어로.

❸ He doesn't speak many languages.
그는 / 말하지 못한다 / 많은 언어로.

❹ She doesn't speak many languages.
그녀는 / 말하지 않는다 / 많은 언어로.

❺ She doesn't know many languages.
그녀는 / 모른다 / 많은 언어를.

❻ I don't know many languages.
나는 / 모른다 / 많은 언어를.

❼ I don't know a lot of languages.
나는 / 모른다 / 많은 언어를.

❽ They don't know a lot of languages.
그들은 / 모른다 / 많은 언어를.

❾ They don't know a lot of people.
그들은 / 모른다 / 많은 사람들을.

❿ He knows a lot of people.
그는 / 알고 있다 / 많은 사람들을.

문제로 문법 정리

다음 <보기>의 단어들을 해당하는 칸에 쓰세요.

보기
time	friends	help
milk	tips	salt
coins	bananas	

much → time　help / milk　salt

many → friends　tips / coins　bananas

55

03 문장이 써지면 이 영문법은 OK!

*한 수에 맞춰 much, many 또는 a lot of를 쓰세요.

1 연못에 물이 많지 않다.
There isn't ___ a ___ lot ___ of water in the pond.

2 연못에 물이 많지 않다.
There ___ isn't ___ much ___ water in the pond.

3 호수에 물이 많지 않다.
There ___ isn't ___ much ___ water ___ in the lake.

4 호수에 보트들이 많지 않다.
There ___ aren't ___ many ___ boats on the lake.

5 호수에 보트들이 많지 않다.
There aren't ___ a ___ lot ___ of ___ boats ___ on the lake.

6 호수에 보트들이 많이 있다. 〔도전! 문장 쓰기〕

(명사 앞에 '많은'이라는 의미로 쓸 때는 much 또는 a lot of의 내용을 모두 주의해 한다는 거 기억해 두자!)

There are a lot of[many] boats on the lake.

7 호수에 물고기들이 많이 있다.
There are ___ a ___ lot ___ of ___ fish ___ in the lake.

8 호수에 물고기들이 많이 있니?
Are ___ there ___ a ___ lot ___ of ___ fish in the lake?

9 호수에 물고기들이 많이 있니?
Are there ___ many ___ fish in the lake?

10 호수에 보트들이 많이 있니?
Are there ___ many ___ boats ___ on the lake?

(물고기는 '호수 안에' 있으니까 in the lake, 보트는 '호수 위에' 떠 있으니까 on the lake)

145

11 호수에 사람들이 많이 있니?
Are there ___ many ___ people ___ on ___ the ___ lake ___ ?

12 기차에 사람들이 많이 있니?
___ Are ___ there ___ many ___ people ___ on the train?

13 기차에 남자들이 많이 있니? 〔도전! 문장 쓰기〕
Are there many[a lot of] men on the train?

14 기차에 남자들이 많이 있다.
There are a ___ lot ___ of ___ men ___ on ___ the train.

15 기차에 여자들이 많이 있다.
There ___ are ___ a lot of ___ women ___ on the train.

16 방 안에 여자들이 많이 있다.
There ___ are ___ a ___ lot ___ of ___ women ___ in ___ the room.

17 병 안에 설탕이 많이 있다.
There ___ is ___ a ___ lot ___ of sugar in the jar.

18 병 안에 설탕이 많지 않다. 〔도전! 문장 쓰기〕
There isn't much[a lot of] sugar in the jar.

146

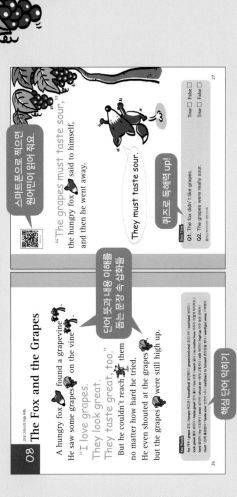

바쁜 친구들이 즐거워지는 빠른 학습법

바빠 초등 영문법 1

5·6학년용

영역별 연산책 바빠 연산법
방학 때나 학습 결손이 생겼을 때~

· 바쁜 1·2학년을 위한 빠른 **덧셈**
· 바쁜 1·2학년을 위한 빠른 **뺄셈**
· 바쁜 초등학생을 위한 빠른 **구구단**
· 바쁜 초등학생을 위한
　빠른 **시계와 시간**

· 바쁜 초등학생을 위한
　빠른 **길이와 시간 계산**
· 바쁜 3·4학년을 위한 빠른 **덧셈/뺄셈**
· 바쁜 3·4학년을 위한 빠른 **곱셈**
· 바쁜 3·4학년을 위한 빠른 **나눗셈**
· 바쁜 3·4학년을 위한 빠른 **분수**
· 바쁜 3·4학년을 위한 빠른 **소수**
· 바쁜 3·4학년을 위한 빠른 **방정식**

· 바쁜 5·6학년을 위한 빠른 **곱셈**
· 바쁜 5·6학년을 위한 빠른 **나눗셈**
· 바쁜 5·6학년을 위한 빠른 **분수**
· 바쁜 5·6학년을 위한 빠른 **소수**
· 바쁜 5·6학년을 위한 빠른 **방정식**
· 바쁜 초등학생을 위한 빠른
　**약수와 배수, 평면도형 계산,
　입체도형 계산, 자연수의 혼합 계산,
　분수와 소수의 혼합 계산, 비와 비례,
　확률과 통계**

바빠 국어/ 급수한자
초등 교과서 필수 어휘와 문해력 완성!

· 바쁜 초등학생을 위한 빠른 **맞춤법 1**
· 바쁜 초등학생을 위한
　빠른 **급수한자 8급**
· 바쁜 초등학생을 위한 빠른 **독해 1, 2**

· 바쁜 초등학생을 위한 빠른 **독해 3, 4**
· 바쁜 초등학생을 위한 빠른 **맞춤법 2**
· 바쁜 초등학생을 위한
　빠른 **급수한자 7급 1, 2**

· 바쁜 초등학생을 위한
　빠른 **급수한자 6급 1, 2, 3**
· 보일락 말락~ 바빠 **급수한자판**
　+ 6·7·8급 모의시험

· 바빠 급수 시험과 어휘력 잡는
　초등 **한자 총정리**
· 바쁜 초등학생을 위한 빠른 **독해 5, 6**

재미있게 읽다 보면
나도 모르게
교과 지식까지 쑥쑥!

바빠 영어
우리 집, 방학 특강 교재로 인기 최고!

· 바쁜 초등학생을 위한 빠른 **알파벳 쓰기**
· 바쁜 초등학생을 위한
　빠른 **영단어 스타터 1, 2**
· 바쁜 초등학생을 위한
　빠른 **사이트 워드 1, 2**
· 바쁜 초등학생을 위한 빠른 **파닉스 1, 2**

· 전 세계 어린이들이 가장 많이 읽는
　영어동화 100편 : 명작/과학/위인동화
· 짝 단어로 끝내는 바빠 **초등 영단어**
　— 3·4학년용
· 바쁜 3·4학년을 위한 빠른 **영문법 1, 2**
· 바빠 초등 필수 **영단어**
· 바빠 초등 필수 **영단어 트레이닝**
· 바빠 초등 **영어 교과서 필수 표현**
· 바빠 초등 **영어 일기 쓰기**

· 짝 단어로 끝내는 바빠 **초등 영단어**
　— 5·6학년용
· 바빠 초등 **영문법 — 5·6학년용 1, 2, 3**
· 바빠 초등 **영어시제 특강 — 5·6학년용**
· 바쁜 5·6학년을 위한 빠른 **영작문**
· 바빠 초등 하루 5문장 **영어 글쓰기 1, 2**

바빠 초등 필수 영단어

👂 원어민 MP3 제공 | 바빠 초등 필수 영단어 | 15,000원

3~6학년 필수 영단어를 한 권에!

초등 학년별 어휘 800개 한 권으로 총정리!

영단어 노트로 복습까지 완벽하게!

특별 부록 영단어 쓰기 노트

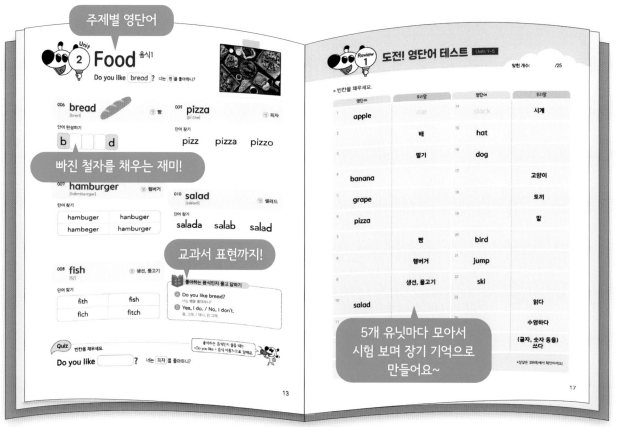

주제별 영단어

빠진 철자를 채우는 재미!

교과서 표현까지!

5개 유닛마다 모아서 시험 보며 장기 기억으로 만들어요~

 교과서와 일상생활을 반영한 주제별로 모아 더 잘 외워져요!

이렇게 공부가 잘 되는 영어 책 봤어?
손이 기억하는 영어 훈련 프로그램!

원어민 MP3 제공 | 바빠 5·6 영단어 | 12,000원

바빠 영작문 | 13,000원

첨삭 없이 공부하는 첫 번째 영작 책!

바빠 영어 시제 특강 | 15,000원

단순, 진행, 현재완료까지 초등 영문법 시제 총정리

교과서 집필자, 공부법 전문가, 명강사들이 적극 추천

바빠 초등 영문법 5·6 학년용

이 책은 **누구나 쉽게 반복 학습을 하며 필수 문법을 습득하도록** 설계되어 있다는 점에서 최고의 책이라 할 수 있습니다.

이선욱 선생님 EBS 중등 영어 강의

영어는 말하고 써 보는 출력 중심의 훈련이 효과적! **이 책은 연필 잡고 문장을 써 보며 두뇌를 활성화** 하는 훈련으로 가득 차 있네요!

문단열 선생님 영어 교육 전문가

쓰기에 필요한 문법은 정확해야 한다. **필수 문법을 직접 쓰면서 정확하게 익힐 수 있는 지름길이 열렸다. 바로 이 책이다!**

박재원 소장님 행복한 공부연구소

필수 문법만을 직접 써 보며 정확하게 습득 하도록 구성된 이 책은 바쁜 초등학교 5·6 학년에게 **최대의 효과를 낼 수 있** 을 것으로 보입니다.

안선모 선생님 초등 영어 교과서 집필진

서술형 평가의 중요성이 점점 더 강조되는 요즘, 기초 영문법을 직접 써 보며 **완전히 본인의 것으로 소화할 수 있겠어요.**

허성원 원장님 YBM egloo 인창2학원/허성원 어학원

3·4학년은 부모님과 재미나게, **5·6학년은 스스로 열심히,** 중 1·2학년은 기초를 튼튼히 다지며 공부할 수 있습니다. 바빠 초등 영문법! 적극 추천합니다.

김진영 원장님 연세 YT어학원 청라캠퍼스

이 책의 Bonus!

'시험에는 이렇게 나온다'
문법 TEST PDF 제공

가격 13,000원

64740

⚠ 주의
책 모서리에 찍히거나
책장에 베이지 않게
조심하세요.

ISBN 979-11-6303-437-7
ISBN 979-11-6303-436-0(세트)

9 791163 034377

14일 이면 알파벳을 정확하게 쓸 수 있어요!

바쁜

초등학생을 위한

빠른 알파벳 쓰기

징검다리 교육연구소 지음
Michael A. Putlack(마이클 A. 푸틀랙) 감수

점 잇기 놀이처럼 쓰다 보면
예쁘게 써지는 습관!

책 속 부록	원어민 발음 듣기
교육부 권장 **초등 필수** 영단어 **78개** 쓰기	QR코드 및 MP3 제공

이지스에듀

14일이면 알파벳을
정확하게 쓸 수 있어요!

⭐ **점 잇기 놀이처럼 따라 쓰는 알파벳!**
시작점을 따라 점을 잇다 보면
알파벳을 예쁘고 정확하게 쓰게 돼요.

⭐ **헷갈리는 알파벳이 저절로 해결돼요!**
초등학교 3학년 정규 영어 수업 전에
자주 틀리는 알파벳을 비교 정리하고 자신감을 길러요.

⭐ **초등 필수 영단어까지 자연스럽게 익혀요!**
알파벳 대표 단어 78개는 전부
교육부 권장 초등 필수 영단어로 수록했어요.

이 책의 발음 듣기

원어민의 정확한 발음을 들으며 공부하세요.

[방법 1] 책의 QR코드를 찍어 스마트폰으로 듣기
[방법 2] 이지스에듀 카페에서 MP3 파일 다운받아 듣기

🐶 **바빠 공부단에 가입해 공부하면 좋아요!**

바빠 공부단에 참여하면 국어, 영어, 수학 담당 바빠쌤의
지도와 격려를 받을 수 있어요! 자료와 정보는 덤!

*바빠 공부단 카페 www.easysedu.co.kr

＊ **이지스에듀**는 이지스퍼블리싱(주)의 교육 브랜드입니다.